CÓMO TRIUNFAR EN EL MUNDO DIGITAL

LINA CÁCERES

———

CÓMO TRIUNFAR
EN EL MUNDO DIGITAL

Grijalbo

Cómo triunfar en el mundo digital

Primera edición en Colombia: abril, 2020
Primera edición en México: septiembre, 2020

D. R. © 2020, Lina Cáceres

D. R. © 2020, de la presente edición en castellano para todo el mundo:
Penguin Random House Grupo Editorial, S. A. S.
Carrera 7 No. 75-51 Piso 7, Bogotá – Colombia

D. R. © 2020, derechos de edición mundiales en lengua castellana:
Penguin Random House Grupo Editorial, S. A. de C. V.
Blvd. Miguel de Cervantes Saavedra núm. 301, 1er piso,
colonia Granada, alcaldía Miguel Hidalgo, C. P. 11520,
Ciudad de México

www.megustaleer.mx

D. R. © Penguin Random House / Paula A. Gutiérrez, por el diseño de cubierta
D. R. © Andrés Oyuela, por la fotografía de cubierta

ISBN: 978-607-319-408-2

Impreso en México – *Printed in Mexico*

El papel utilizado para la impresión de este libro ha sido fabricado a partir de madera
procedente de bosques y plantaciones gestionadas con los más altos estándares ambientales,
garantizando una explotación de los recursos sostenible con el medio ambiente y beneficiosa para las personas.

Penguin
Random House
Grupo Editorial

A mi familia, a los creadores, a mis compañeros
y mentores y sobre todo a mi mamá,
quien anhelaba este libro desde hace tiempo.
Y a mi abuelo paterno, de quien heredé
el amor por escribir...

CONTENIDO

CAPÍTULO SEIS
Casos de éxito de los creadores   143

CAPÍTULO SIETE
Lo que viene   217

Agradecimientos   245

Las nuevas reglas del juego

Gamechangers

¿Cómo llegué aquí?

CAPÍTULO UNO
UN MUNDO DIGITAL

 ## Las nuevas reglas del juego

"La tecnología le ha otorgado un gran poder al usuario, ocasionando un efecto disruptivo en los modelos comerciales existentes, en los patrones de consumo, en las estructuras socioeconómicas, sumado a la implementación de políticas y de medidas legales".

El desarrollo de Internet y la era de la información, características de la tercera revolución industrial, nos llevó a tener una industria automatizada en la que la tecnología sirvió para optimizar y acelerar procesos de producción. Además, nos aceleró la llegada de una cuarta revolución o Revolución 4.0, que se caracteriza por la fusión de tecnologías que difumina las líneas entre las esferas física, digital y biológica. Todo esto nos ha llevado hoy a vivir en un mundo que cambia de manera exponencial y que está alterando la forma en que vivimos, trabajamos y nos relacionamos. En este cambio de orden, la tecnología le ha otorgado un gran poder al usuario, ocasionando un efecto disruptivo en los modelos comerciales existentes, en los patrones de consumo y en las estructuras socioeconómicas, sumado a la implementación de políticas y de medidas legales. En fin, un cambio en todos los aspectos de la vida y en todas las industrias como la salud, la bancaria, la educativa, la del comercio, la del turismo y, sobre todo, una de las que ha sido más determinante, la de los medios de comunicación, ya que la tecnología y los alcances del mercado les concedieron el poder a la audiencia ocasionando un cambio total en la manera de consumir estos contenidos.

La estrategia *consumer-centric*

En 1967 se habló por primera vez del término *consumer-centric* en publicidad, que consiste en situar al consumidor en el centro de todo. De esta manera se empezaron a desarrollar estrategias de mercadeo en las que se tuvo en cuenta que cada consumidor es diferente y busca sus propias necesidades. Hoy en día, con el auge de los contenidos personalizados y de información, desarrollar estrategias que se basen en los gustos y las necesidades del consumidor es más necesario que nunca.

De esta forma, el consumidor tiene en este momento el poder de elegir: ¿qué quiere ver?, ¿cómo lo quiere ver?, ¿cuándo lo quiere ver? y ¿dónde lo quiere ver? Esto ha puesto en jaque a todos los involucrados en esta industria porque incluye a todas las directrices de la ecuación: canales de televisión, agencias de medios, equipos comerciales, técnicos, creativos, legales y de talento. ¿Y por qué? Porque nos llevó a pasar de una industria masiva local a una industria global que además es personalizada, y originó que el *prime time* pasara de ocupar un horario especial a un momento personal, ya que hoy en día el consumidor es participativo y *multi-device*, es decir que puede elegir ver los contenidos de su preferencia a través de muchas plataformas y aparatos.

Se podría decir que vivimos una década en la que los medios tradicionales como la televisión, la radio y los impresos primero se negaron a aceptar el poder del fenómeno digital que traían las plataformas de *streaming* como YouTube y Netflix y, luego, al reconocer su fuerza, tuvieron que adaptarse y enfrentar una transformación de sus procesos tradicionales, ya que cada día la pauta publicitaria y las audiencias han migrado a este nuevo medio con nuevas exigencias. Hoy podemos decir que el *mainstream* del entretenimiento es digital y el reto constante es poder ser un *storyteller* que logra construir una comunidad que pueda permanecer en el tiempo y logre trascender del mundo *online* al *offline*. Gracias al avance de la tecnología y a la gran demanda por parte de las nuevas generaciones, el mundo digital ofrece casi lo mismo que el mundo real: te informas, conversas, creas comunidades, compras, aprendes y te inspiras. Esto, que muchos llaman futuro, ya es el presente y eso lo demuestran las cifras.

Más del 50% de la población mundial (equivalente a 4.021 millones de personas) ya está conectada a Internet y por lo menos 3.000 millones de personas usan las plataformas de redes sociales, creando así una comunidad de usuarios conectados entre sí en la que se han generado nuevas oportunidades de negocio con el mercadeo a través de las redes sociales y de los influenciadores. Se estima que, para el 2020, el marketing digital global alcanzará una inversión de diez millones de dólares, según un artículo de la revista *Expansión* que publicó un estudio de la firma especializada Bloglovin. Y es que el crecimiento de inversión de esta industria va directamente proporcional al crecimiento de consumo que hay en la actualidad en las plataformas digitales, como lo indican las gráficas que representan las cifras de lo que ocurre cada sesenta segundos en el mundo digital hoy en día.

Oportunidades de negocios

Esto es lo que pasaba
cada minuto en 2018

Esta transformación de la industria del entretenimiento logró democratizar las carreras artísticas de personas que querían convertirse en cantantes, presentadores, actores, bailarines, entre otros. Mientras en el pasado millones de personas soñaban con ser famosas dependían de un cazatalentos o productor de *casting*, hoy las plataformas digitales se convierten en esa vitrina al mundo que puede ahorrarte muchos obstáculos y conectarte con el apoyo del público, que es el más valioso. Esto ha llevado a que muchas personas sueñen con convertirse en celebridades digitales ya que su trabajo, como nos tomó de sorpresa, se ve muy fácil de alcanzar, pero la realidad es que son muy pocos los que lo logran porque no todos entienden la cantidad de trabajo que requiere y mucho menos la visión de negocio necesaria para poder sobresalir. Por esta razón, la mayoría termina reduciendo su trabajo a una competencia de likes que no les permite construir una carrera a largo plazo, pues la viralidad no permite construir ne-

Esto es lo que pasaba cada minuto en 2019

Un millón de *logins*

18,1 millones de mensajes de texto enviados

3,8 millones de búsquedas en Google

4,3 millones de videos vistos

694.444 horas vistas en Netflix

390.030 aplicaciones descargadas

996.956 dólares gastados *online*

347.222 *scrollings* en Instagram

2,1 millones de Snapchats creados

87.500 personas tuiteando

41,6 millones de mensajes enviados

1,4 millones de *swipes*

4,8 millones de GIFs enviados

188.000 millones de correos enviados

180 smart speakers enviados

41 suscripciones a plataformas *streaming* de música

1 millón de vistas

60 SEGUNDOS

Fuente: @LoriLewis y @OfficiallyChadd

gocio, pierden su autenticidad al convertirse en ecos de lo que ya existe y no se preocupan por pronunciar su voz, su mensaje que marcará la diferencia en un mundo saturado de mensajes, y no están listos para los sacrificios, la disciplina, la constancia y la reinvención, que son las herramientas que les permiten alcanzar el éxito y mantenerlo.

Pese a que el reconocimiento del trabajo que hacen las celebridades digitales siempre está en juego, ya que es un campo en el que aún no se han establecido reglas y donde hay mucha informalidad de todos los frentes, es un hecho que quienes se lo están tomando en serio están logrando ser disruptivos cambiando las reglas de la industria del entretenimiento y la información gracias al impacto que han tenido en las plataformas digitales como Myspace, Facebook, Twitter, YouTube y TikTok, entre muchas otras.

Los *gamechangers*

Las redes sociales, como lo dice Steve Case,[1] fundador de AOL (America Online) y de la firma Revolution LLC y autor del libro *La tercera ola*, son las protagonistas de la segunda ola del Internet, que ocurrió entre los años 2000 y 2015, y que se centró en el intercambio de información e ideas a través de comunidades organizadas en aplicaciones que, unidas al desarrollo de la telefonía móvil, permitieron que en Internet se desatara la economía de la aplicación: dichas apps lograron formar un crecimiento acelerado de audiencias en el ámbito global. Esto trajo como resultado la creación de Myspace, y otras aplicaciones que permitían chatear y conectarse desde diferentes partes del mundo. Fue hasta el 2004 que nació el *gamechanger* de las redes sociales: Facebook, una red que reflejó la maduración del *social media,* que pasó de ser un sistema de chat para convertirse en una plataforma que cambió la manera de comunicarnos a través de los medios tradicionales; toda persona que lo usaba se podía conectar, comunicar y compartir contenido directamente con otras personas en tiempo real. Más adelante llegaron Twitter y YouTube, que con el tiempo se han convertido en las plataformas más importantes a la hora de conectarse con grandes comunidades.

Además, estas plataformas tenían mucha similitud con la industria del entretenimiento a través de la televisión, la radio, el cine y la música, lo cual dio lugar a la consolidación de nuevos referentes para las nuevas audiencias. Quienes por años creyeron que estaban jugando a crear contenido lograron formar comunidades de Internet y transformarse en líderes que, gracias a su manera de contar historias, se convirtieron en las celebridades de las nuevas

---

1   Revista *Forbes*. (Articulo en línea) disponible en: https://www.forbes.com/profile/steve-case/#70578c4618f3

generaciones, desplazando a las celebridades tradicionales. Esto se vio reflejado en una encuesta realizada por la revista *Variety* en el 2014, que publicó los resultados con el título: *YouTube Stars More Popular Than Mainstream Celebrities* ("Las estrellas de You-Tube son más populares que las celebridades del *mainstream*"). La encuesta comprobaba que los creadores de contenido digital eran más fuertes entre la audiencia juvenil que las celebridades tradicionales. Esta misma encuesta tuvo los mismos resultados en México en 2016 y en Colombia y Argentina en 2018.

Esta revolución digital en la industria del entretenimiento rápidamente mostró sus frutos. En la música nacieron artistas globales como **Justin Bieber, Shawn Mendes, Lana Del Rey, Vázquez Sounds, Sia** y **Becky G.** La intención de cambiar el mundo se hizo posible gracias a las buenas intenciones de esta nueva generación y a la tecnología. El ejemplo perfecto es **Jérôme Jarre**, un joven emprendedor de origen francés que le demostró al mundo que gracias al gran apoyo que tenía de su audiencia, y a la colaboración de otros youtubers como **Sebastián Villalobos, Juan Pablo Zurita, Juana Martínez, Juan Pablo Jaramillo,** y artistas de la talla de **Ben Stiller** y **Dj Snake**, entre muchos otros, podía impulsar causas sociales y cambiarles la vida a millones de personas en todo el mundo. En su primera actividad logró recaudar más de cuatro millones de dólares para aliviar la crisis alimentaria en Somalia, recoger más de dos millones de dólares para la comunidad rohinyá e inspirar otros grandes movimientos, como el de #LoveArmy México, impulsado por Zurita, que ha construido cientos de hogares para familias que lo perdieron todo luego del devastador terremoto de México del pasado 19 de septiembre de 2017. Estas acciones han generado un cambio de percepción en su país sobre los *millenials*.[2]

---

2   "El mito de los millennials que se terminó con el sismo del 19 de septiembre". Disponible en: Revista *Quién*. (Artículo en línea) disponible en: https://www.quien.com/actualidad/2017/09/22/el-mito-de-los-millennials-que-se-termino-con-el-sismo-del-19-de-septiembre

INFLUENCIADORES

CASEY NEISTAT

El *vlogger* que se hizo famoso por compartir su vida a través de experiencias, fue de los pioneros en desarrollar *branded content* para las marcas, demostrando que con sus números atraía más audiencia que un show de televisión y el primero en formar una compañía de medios, llamada Beme, que luego fue adquirida por CNN.

MICHELLE PHAN

La creadora vietnamita-estadounidense y pionera de los tutoriales de belleza, fundó varias empresas cosméticas como *YPSY*, *EM Cosmetics*, *Gen Beauty* y su propio network: *Icon*, con propiedades que tienen un valor de más de medio millón de dólares. Todo esto lo construyó divirtiéndose en YouTube, hablando de lo que más le gusta: la moda y el maquillaje.

LILLY SINGH

Es uno de mis ejemplos favoritos. Ella fue la

PRIMERA INFLUENCER
EN LLEGAR A LA POSICIÓN # 1

DE LA REVISTA *FORBES* EN EL MUNDO DEL ENTRETENIMIENTO.

Lily, una joven canadiense con ascendencia india, alcanzó una fama absoluta al destacar el papel protagónico y poderoso de las mujeres y hoy en día tiene su propia compañía productora (*Unicorn Island*), más de catorce millones de suscriptores en su canal de YouTube, un libro que se ha convertido en *best seller*: *How to be a Bawse* y un *talk show* con NBC, llamado *A Little Late with Lilly Singh*.

GREEN BROTHERS

Demostraron que a través de estas plataformas también podían innovar en educación a través de sus canales *Crash Course* y *Sci-Show*, además de crear la que es hoy la conferencia digital más importante del mundo: **VidCon**, que en once años pasó de ser una conferencia en un hotel de Los Ángeles a convertirse en la

CONFERENCIA QUE RECIBE A MÁS DE TREINTA MIL PERSONAS en el mundo y, luego de su adquisición por parte de Viacom, hoy tiene lugar en cuatro países, entre esos México, y sigue con un ambicioso plan de expansión.

Esto demuestra cómo, gracias a la tecnología, los jóvenes con grandes ideas hoy tienen la posibilidad de crear compañías que compiten o crean interés de las grandes corporaciones, dándoles el poder de originar negocios que realmente han impactado una industria.

Sin duda, todos estos influenciadores han logrado posicionarse como pioneros del mundo digital e inspirar a muchos jóvenes alrededor del mundo a tomar el riesgo de seguir su camino en este campo, sin tener clara una recompensa; simplemente expresan un mensaje de una manera creativa, motivados por una gran pasión y por llevar un mensaje de igualdad, inclusión y diversidad. Ellos decidieron desde un principio crear contenido en inglés por ser su lengua primaria o para hacerlo mucho más global. Gracias a esta decisión han contado con más apoyo para su posicionamiento de parte de las plataformas donde publican sus creaciones, y de esta forma su éxito ha sido más fácil de sustentar, propagar y reconocer, a diferencia del mercado en español. Aun así, esto no ha impedido que los creadores de contenido hispano demuestren su potencial y se conviertan en estrellas o empresarios.

TATO POZOS

Es el primer *vlogger* hispano de YouTube y es dueño de su propio network: Molcajete.

LUISITO COMUNICA

A partir de sus viajes, nos ha llevado a descubrir un mundo al que muchos no tienen acceso y hoy en día es visto por más de dos mil millones de personas.

WEREVERTUMORRO

Fue el primer youtuber en implementar un formato *scripted* o libreteado en el género de la comedia, abriéndole los ojos al mundo hispano de la gran oportunidad que había dentro de la plataforma. Con su contenido, logró demostrarle al mundo que no hay fronteras cuando nos reímos de nuestra realidad.

YUYA

La youtuber número uno en audiencias de belleza en el ámbito mundial, tiene hoy su propia línea de maquillaje y un champú en alianza con una marca destacada, Sedal de Unilever.

GERMÁN GARMENDIA

Uno de los creadores que demostró que la visualización de un latino a nivel global era una realidad. Llegó a convertirse en el segundo youtuber más importante del mundo.

ALEX MONTIEL

Creó el canal más exitoso de reseñas de las películas en su canal "La Lata" y también uno de los personajes más reconocidos de Internet: **"El Escorpión Dorado"**.

CHUMEL TORRES

Demostró que se podían crear programas de opinión exitosos para televisión y convirtió el suyo en el primer programa latino de este género que nacía del Internet para ser transmitido en una cadena como HBO. Actualmente el show va por la quinta temporada.

BULLY

Fue el youtuber que entendió rápidamente la dinámica entre el contenido y las marcas, además ayudó a impulsar las carreras de otros creadores de la región.

ENCHUFE TV

Demostró que el contenido patrocinado podía ser de calidad e igual de exitoso.

SEBASTIÁN VILLALOBOS

Conquistó otras plataformas como la televisión y la música, se convirtió en la estrella digital multiplataforma por excelencia. hace parte de proyectos en Disney, Univision, NatGeo y organizaciones internacionales como WWF y St Jude.

LOS POLINESIOS

Son tres hermanos que nos enseñaron que no hay edad para tener un espíritu emprendedor y que han podido construir una mini industria de Internet siendo dueños de uno de los networks hispanos más importantes.

GAZER

Tienen un alcance de más de 87 millones de personas y más de tres mil millones de vistas en sus videos.

JUAN PABLO JARAMILLO

Además de ser uno de los primeros youtubers de Colombia, ha conseguido mantenerse y usar su impacto para lograr cambios sociales en su país. Gracias a su iniciativa junto a Christian Castiblanco para apoyar a la comunidad LGTBIQ crearon la propuesta #AquíEntranTodos, con la que buscaban generar espacios públicos y privados libres de discriminación en Colombia, la cual pasó a convertirse en ley por el entonces presidente de la República de Colombia, Juan Manuel Santos.

PAULA GALINDO

Una de las creadoras de contenido más importantes de la región en el tema de la belleza y el maquillaje, hoy en día tiene su libro, que es un gran *best seller: Tu mejor versión*, también su propio show y su marca de maquillaje, que en su primer año de lanzamiento se está expandiendo a más de cuatro mercados.

MARIO RUIZ

Es el rey de las parodias y de los retos. También ha logrado conquistar las plataformas de la televisión con shows en Nat Geo, Caracol, Nick y Disney.

Estos jóvenes conformaron la voz líder de las plataformas gracias a su *storytelling*, impactaron el mundo del entretenimiento y hoy nos tienen a todos replanteando fórmulas, definiendo cuál será nuestra voz a la hora de contar historias, intentando llenar pantallas 24/7, sin tiempo de descanso, y siguiendo el ejemplo de prueba y error. En el mundo del entretenimiento hispano, los creadores de contenidos digitales tienen doble mérito, ya que dieron paso a la democratización de los medios de comunicación en un mundo en el que estábamos controlados por un duopolio. En la mayoría de la región los medios de comunicación estaban manejados por los dos grupos económicos más importantes, es decir, eran los dueños de la información y de las oportunidades que se podían presentar para quienes soñaban con tener la oportunidad de ser famosos. Con esto no estoy afirmando que estos creadores hayan sido los únicos responsables, pero sí fueron un elemento indispensable que hizo realidad el propósito de las plataformas digitales.

A lo anterior hay que sumar que, en los últimos diez años, las nuevas generaciones han centrado su atención en las plataformas digitales. De esta forma ocasionaron que los especialistas en marketing entendieran que si querían llegar a dichas audiencias debían cambiar su estrategia de inversión publicitaria, ya que los medios tradicionales estaban perdiendo el foco para estas audiencias. Fue por esto que los creadores de contenidos se convirtieron en las herramientas principales del *influencer marketing*, una práctica que selecciona a líderes para propagar un mensaje de marca con el objetivo de generar una acción. Hasta entonces, en el mundo tradicional, se denominaba *celebrity endorsement*.

Con esto podemos ver la transformación tan acelerada que hemos vivido y que demuestra que el cambio es y será la única constante en esta nueva industria digital. El reto actual de las plataformas es poder atender las necesidades de un nicho de audiencia con la cual pueda lograr mantener una relación por largo tiempo y, para las personas que quieren triunfar en dicha industria, requiere de mucha preparación, creatividad, constancia, capacidad de rápida adaptación y disciplina. Por eso, si tú eres una de esas personas, las dos primeras preguntas que deberías hacerte son: "¿Estoy listo para entrar a la industria digital?", "¿Mi propuesta es innovadora?".

¿Cómo llegué aquí?

Hace ocho años tuve la oportunidad de conocer por primera vez esa gran ola de talentos y el mundo digital donde se desenvolvían. En ese entonces, trabajaba en la empresa líder del entretenimiento hispano en los Estados Unidos, Latin World Entertainment (LatinWE), fundada por Sofía Vergara y Luis Balaguer, dos grandes visionarios de esta industria, quienes, al igual que yo y el grupo de trabajo de la compañía, vimos el gran valor que tenían estos jóvenes, que venían a convertirse en los *gamechangers* de la industria. Al ver lo que se estaba desarrollando en el ámbito digital, en el que la audiencia joven estaba consumiendo y se estaba conectando más que con el tradicional, decidimos aliarnos con ellos y utilizar toda nuestra experiencia de compañía para apoyar su fuerza y amplificar su voz y sus ideas, demostrando que podían cruzar plataformas y convertirse en las estrellas de esta nueva era. Sabíamos que ellos eran la voz líder de las plataformas, y que tenían claro cuál era el *storytelling* que conectaba con las nuevas generaciones; con esto tenían el poder necesario para posicionarse y cambiar las reglas del juego de la industria en la que vivíamos.

Mi experiencia laboral venía del mundo de la producción de televisión y creo que, gracias a esto, al descubrir el mundo digital me hizo darle un gran valor en ese momento, porque esto abrió un mundo totalmente nuevo para mí, lleno de desafíos interesantes y ambiciosos, ya que este trabajo me obligaba a ver con mucha antelación cómo iba a ser la manera de reinventarme en esta nueva era si quería seguir construyendo una carrera.

Aun así, lo cierto es que muchos de estos jóvenes nos tomaron por sorpresa y lo digo porque, en mi caso, llevaba cerca de diez años trabajando en importantes canales de televisión como Caracol y Univisión. En ese tiempo jamás vi ni me enteré de que en las plataformas digitales existían unos jovencitos que habían logrado construir comunidades gracias a sus contenidos. Fue cuando llegué a LatinWE que pude notarlo gracias a que fui contratada como productora general de su canal de YouTube llamado NuevON, el canal digital hispano número uno, financiado por Google en ese entonces. Esta oportunidad se convirtió en una gran universidad para mí y para quienes hicieron parte de este proyecto, pues en ese momento era algo muy avanzado para la época y para nuestra industria, que tenía grandes desafíos para poderlo monetizar, más allá de la financiación con la que contábamos. Pero siento que fue toda una escuela. A mí, por ejemplo, me permitió aprender una nueva manera de contar historias, muy diferente a la del mundo tradicional del que yo venía, donde la grabación, la edición, el protagonista, el antagonista cambiaban al 100%. Y así como Napster, iTunes y YouTube habían revolucionado la industria musical, ahora YouTube, Facebook, Twitter, Instagram, Hulu y Netflix empezaban a revolucionar el mundo del video. Nosotros tuvimos la oportunidad de ser parte de este cambio.

En 2012 estábamos en un momento crucial: la gente que consumía televisión lo estaba haciendo de una manera muy diferente. Veía televisión, pero lo hacía acompañada de dispositivos móviles donde, a través de redes como Twitter o Facebook, comentaban el show que estaban viendo o leían comentarios de otros. Se descubrió así la existencia de una nueva audiencia que solo consumía contenidos desde su aparato móvil, en plataformas de alcance global donde los nuevos ídolos eran personas comunes y corrientes que creaban contenidos y conectaban con un grupo de personas. Al fortalecer dicha relación, estas nuevas estrellas lograron construir sus propias audiencias y volverse líderes de opinión con una alta credibilidad y apoyo.

Estos jóvenes usuarios creaban contenido con el propósito de divertirse y divertir a quienes los veían. Así, y sin darse cuenta, revolucionaron la manera de contar historias, reflejando un mundo mucho más real y más dinámico donde era posible encontrar jóvenes que buscaban elevar y empoderar a grupos de personas que en nuestra sociedad, y en el mundo, no tenían representación. Su punto de vista, más humano y universal, buscaba demostrar que la perfección que nos mostraba la televisión era un cuento de hadas. Esta nueva generación estaba conformada por jóvenes que habían tomado el riesgo de salir a luchar por sus sueños y en el camino lograron inspirar a millones de jóvenes más.

El canal de YouTube fue un reto para todos los que trabajamos allí, ya que debíamos crear un canal de variedades en un mundo especializado, donde la gente iba a ver lo que quería. Nosotros en cambio teníamos una diversidad de opciones: desde un reality, un show de *pranks* (bromas), un *talkshow* (magazín), hasta *sketches* de comedia. Esto resultaba inusual para el usuario de YouTube, sin embargo, no fue un impedimento para convertirnos en el canal hispano número uno, financiado por Google, y el único que fue renovado para un segundo ciclo.

Creo que nadie puede olvidar a NuevON, en especial a Colibritany, la quinceañera más viral de Internet mucho antes de Ruby. Esto nos demostraba que el idioma no era un impedimento para crear producciones con impacto global y que lo único que se necesitaba era trabajar las historias correctas con temas más universales y que hicieran identificar a las audiencias. Para nosotros estaba claro que este fenómeno era una realidad y entendimos que empezar a trabajar con creadores de contenido era un caso más de aprender que de enseñar. Así que emprendimos la búsqueda para empezar a relacionarnos con ellos y encontrar quiénes tenían una visión a largo plazo y quiénes querían construir carreras que estuvieran dentro de nuestro campo de acción. En esta investigación nos dimos cuenta de que el mercado de los creadores de contenido era muy informal y estaba lleno de contratos absurdos y gente oportunista con muy malas intenciones. Encontramos creadores muy exitosos pero frustrados por culpa de personas que se aprovecharon de su talento; era un escenario difícil y una realidad dura para aquellos que venían batallando por mostrar que sí eran líderes de opinión y que solo querían vivir de lo que sabían hacer. Este panorama hizo que fuera difícil acercarnos a ellos, pero no imposible.

México era, y sigue siendo, la capital de la industria digital en toda Latinoamérica. Es el país donde el consumo digital es el número uno de toda la región y el número tres a nivel global, lo cual sirvió para que fuera el pionero a la hora de empezar a implementar campañas digitales y el uso de influenciadores, e hizo que muchos de ellos se mudaran al país azteca, creando una sobreoferta de creadores que ha hecho muy difícil formalizar este mercado, con las garantías y protecciones que se necesitan para evolucionar y llegar al siguiente nivel.

La primera youtuber con la que pude tener contacto directo fue Miranda Ibáñez, una de las creadoras de DIY (Hazlo tú mismo) y recetas de cocina con un toque artístico más importantes de nuestro mercado. La conocí gracias a Ophelia Pastrana, quien en ese entonces era socia de Mónica Fonseca, una de las emprendedoras digitales colombianas más destacadas. Ophelia había desarrollado su carrera en México y gracias a sus ponencias en importantes ferias digitales, como Aldea Digital, pudo conocer a Miranda Ibáñez y ponerme en contacto con ella, con Paula Galindo y con Los Polinesios en 2013 para la realización de nuestro primer show con youtubers en el canal NuevON.

Cuando conocí a Miranda, ella tenía alrededor de 315.000 suscriptores en su canal de YouTube. Lo que más me llamó la atención fue que a sus diecinueve años tenía muy claro lo que quería y la manera como le gustaba hacer las cosas. Le comenté la idea del show que queríamos hacer para nuestro canal y fue la primera en decir que sí. Me recomendó otras creadoras de contenidos para incluir en la producción y no dejaba de recalcarme que la clave de este show debía ser que los DIY fueran realmente hechos por ellas y no como en la tele, donde contrataban modelos de manos y esas cosas. Con cada frase que me decía me mostraba su claridad a la hora de querer contar historias, bajo una visión totalmente diferente a la que yo tenía como periodista y productora de televisión.

Tengo que confesar que mi espíritu curioso salió a relucir en esa llamada telefónica con Miranda cuando, además de hablarle del show que estaba armando, le pregunté cómo había empezado, de dónde había salido la idea del canal, quién le había enseñado, por qué hablaba un lenguaje universal... En fin, todos esos detalles que a una productora de contenidos le pueden venir a la mente cuando conoce personajes tan inspiradores y de tan corta edad. Y así fue como nació #Look, uno de los proyectos de YouTube que más he disfrutado y que me permitió conocer también a Katy Esquivel de What The Chic, Paula Galindo de PauTips, Mariale de Makeuplocalypse y Lesslie Polinesia, junto a todos los miembros de su hermosa y poderosa familia.

#Look fue una gran experiencia, tanto para las creadoras que participaron en el show, como para la audiencia que aún hoy lo sigue consumiendo, pero en ese entonces la industria latina no veía el valor en ese tipo de contenido ni en estas nuevas estrellas. Hago énfasis en la latina porque en el mercado general de Estados Unidos ya se empezaban a crear canales de contenido muy sólidos como Awesoness TV, Style Haul, Comedy Central, entre otros. Y ya muchas marcas, sobre todo las del mundo de la belleza, empezaban a preocuparse por el contenido en plataformas sociales.

#Look fue el primer show creado entre productores y creadores de contenido que me dio a entender que la manera de contar historias de estos nuevos talentos era primordial para el éxito del contenido. A esto se sumaba la experiencia de venir a grabar en un estudio de televisión en Miami, con maquilladores, estilistas y todo un equipo de producción. Algunas de las chicas se pudieron conocer en persona por primera vez, mientras que en el equipo técnico tuvimos que adaptarnos al ritmo y a la edición de Internet. Creo que el experimento nos salió bastante bien. En tres días grabamos dieciséis shows y la serie acumuló más de veinte millones de vistas. Para un grupo que se arriesgaba por primera vez a producir un show de tutoriales tipo colaboración, esto significaba un caso de éxito donde se demostraba que a la audiencia no le importaba que un video fuera de alta calidad, siempre y cuando sus youtubers favoritos no perdieran su esencia, y eso fue lo que mantuvimos intacto. De hecho, la experiencia del show fue tan bonita que abrió mi relación con muchas de sus integrantes y afianzó la confianza a nivel laboral con muchas de ellas.

Después de este show, creamos muchos más proyectos inspirados en los creadores digitales, incluso junto a NBC, Universal y Telemundo realizamos la primera conferencia de creadores hispanos llamada Hispanic Influencer Summit, la cual hemos llevado a cabo en tres ocasiones: la primera en Universal Studios de Florida, la segunda en Miami y la tercera en el YouTube Space LA. El propósito de estas conferencias era abrir un espacio que hacía mucha falta en el mundo hispano, porque en ese entonces las conferencias digitales no alcanzaban a llegar a este mercado, y la idea era acercar a los creadores de contenidos a los representantes de las plataformas de redes sociales y ejecutivos de la industria, tanto de televisión como de marcas. Allí fue donde más sentimos la necesidad de un equipo de *management* digital dentro de la industria y por eso cuando el canal estaba terminando su financiación decidimos apostarle a abrir el departamento en la compañía. Algo que teníamos claro es que no queríamos funcionar como un *multi-channel network*, cuyo enfoque era simplemente el alcance. Un *multi-channel network* lo que hace es agrupar, administrar y comercializar muchos canales bajo una misma marca, lo que se convierte en un negocio para el dueño del network y no para los que están detrás de cada canal. Nosotros, en cambio, queríamos aplicar la experiencia de la compañía en construir marcas personales con visión de negocio y repetir un poco el caso de éxito de Sofía Vergara, quien lleva siete años siendo la artista mejor pagada de Hollywood y sus ingresos por actuación solo representan el 8% de sus ingresos totales. Por eso fue muy importante para nosotros buscar creadores enfocados en construir comunidades para tener un alto *engagement* y con potencial para trascender a otras plataformas como herramienta de promoción. Nuestras conferencias fueron la estrategia perfecta para presentarles a los creadores un camino lleno de oportunidades en el que se podía desarrollar sus carreras.

Viajamos entonces a Ciudad de México para poner en marcha nuestro departamento de *management* de talentos digitales. Queríamos tener un acercamiento más personal con los creadores y mostrarles la sólida historia de LatinWE, una compañía líder en el mundo del *management* que se ha caracterizado por llevar veinticinco años en la industria impulsando figuras públicas y desarrollando para ellas una marca personal sólida que les permita monetizarla para no vivir solamente de los salarios de televisión. Esto hizo que recibiéramos el voto de confianza de un importante grupo de clientes, una parte de estos los representábamos de manera exclusiva y otros en plan *comanagement*. Desde entonces hemos trabajado con los creadores top de contenido, creadores que entienden los privilegios y las responsabilidades que conlleva ser una estrella digital, lo cual nos ha permitido cerrar con éxito todos los proyectos que se nos han presentado.

Así fue como, por accidente, empezó mi carrera de mánager. Digo "por accidente" porque, aunque nunca pensé serlo, la vida me estaba revelando que por primera vez tenía una misión real y era la de ser vocera del gran trabajo que estaban haciendo estos jóvenes. Además, entre muchas otras funciones, podía ayudarlos en el desarrollo de su talento para lograr una estrategia de carrera y una marca personal. Cada día los admiraba más por no tenerle miedo a proponer ideas que a muchos nos podían sonar soñadoras, además tenían las ganas de entregarlo todo por hacerlas realidad y para ellos no había límites.

Recuerdo que para mis colegas de la industria verme pasar tiempo con unos jovencitos era algo raro y no entendían muy bien de qué se trataba mi trabajo, es más, hoy en día en mi oficina me tienen de sobrenombre "the Nannyger", porque prácticamente, desde ese entonces, mi departamento parece una rectoría de colegio. Sin embargo, siempre tuvimos claro que estábamos aprendiendo de este fenómeno que venía a cambiar las reglas del juego, porque entendíamos el valor de lo que estaba surgiendo: jovencitos autodidactas que sin necesidad de pasar por una universidad y sin haber puesto un pie en un medio de comunicación incluso podían dar clases técnicas del tema que necesitáramos. Por ejemplo, ¿cómo podían hablar con tanta convicción de iluminación, foco, audio y edición? Yo, que había pasado cinco años en una de las universidades más prestigiosas de mi país, y llevaba casi una década trabajando en la industria, necesitaba de lumi-

UN MUNDO DIGITAL   33

notécnicos, sonidistas, camarógrafos y editores para hacer lo que ellos lograban por sí solos. Sin embargo, siempre tuve claro que el paso por la universidad era para adquirir un conocimiento general de un campo y luego tenía que profundizarlo, y debo aclarar que estudié en la universidad antes de que existieran estas plataformas que se han convertido en el motor del cambio. Hoy estoy segura de que muchas instituciones educativas han adaptado su método de enseñanza, ya que YouTube, además del entretenimiento y la información, también revolucionó la educación. Si no, pregunten qué joven no ha aprendido matemáticas con el Profe Julio o Math2me, o inglés con Crash Course o ProfRobBob.

Otro de mis interrogantes era saber cómo se habían convertido en expertos del marketing, qué los llevaba a deducir qué foto iba a tener likes, interacción o no, cuál video iba funcionar mejor, a qué hora publicar, cómo crear expectativa y cómo poder garantizar un trending topic en cinco minutos.

Ya que estamos en lo de trending topic, tengo una anécdota de la primera vez que trabajé una campaña digital con Sebastián Villalobos, Mario Ruiz y Juan Pablo Jaramillo para una de las marcas más prestigiosas del mercado del aseo personal. Recuerdo que les sugerí que sería ideal convertir en tendencia la campaña. "Te lo hacemos en cinco minutos", me dijeron, y yo quedé boquiabierta. Primero, porque Twitter era una de mis redes favoritas y en mis cuatro años como usuaria jamás había logrado ser tendencia, ni siquiera cuando trabajaba en televisión, y, segundo, porque el mundial de fútbol de Brasil estaba en plena acción y no se hablaba de nada más en redes. Así que, con la cautela que me caracteriza, guardé mis expectativas. Esa misma noche estos creadores me demostraron que ser tendencia era algo fácil, y en vez de haberlo logrado en cinco minutos, lo consiguieron en tres. ¿El secreto? Tener una comunidad conectada con ellos al punto de que cualquier pedido a través de sus redes movía a toda una multitud que estaba dispuesta a seguir cualquier solicitud. No fue sorpresa para mí que esta campaña fuera muy exitosa ni que excediera en resultados a la campaña estrella de la marca que tenía a uno de los talentos tradicionales más importantes de la región.

Siempre hemos sido muy rigurosos con el perfil del creador con quien trabajamos y siempre buscamos la manera de tener un impacto más grande en cada cosa que hacemos, para así lograr conquistar una parte de la industria que se resistía a aceptar la fuerza digital. Esto nos ha llevado a obtener grandes logros en esta etapa de consolidación y a abrirles las puertas a muchos otros creadores que vienen trabajando con responsabilidad en su marca personal.

Desde que empezamos a ejecutar planes con cada uno de nuestros creadores, no hemos parado. Si las cuentas no me fallan, hemos logrado más de treinta portadas de revistas, diez libros, una marca de maquillaje, múltiples apariciones en series y programas de televisión de reconocidas cadenas como Telemundo, Univisión, Disney y Nickelodeon, y hemos conquistado cerca del 70% de los embajadores de estrellas digitales. Hoy trabajamos con aproximadamente cuarenta de las estrellas digitales más influyentes de la región de manera comercial —y catorce en exclusiva—, y continuamos en la creación de nuevos proyectos para nuestro talento, lo que ha resultado muy enriquecedor y, sobre todo, muy inspirador.

Han sido muchos los pasos que hemos dado junto a los creadores y a un equipo que ahora cuenta con la flexibilidad para adoptar y llevar a otro nivel los retos que se nos presentan; un equipo que tuvo la iniciativa de tomar las riendas en la evangelización de un tema que todo el mundo consideraba una moda pasajera y, más importante aún, un grupo que tiene la capacidad de estar listo las veinticuatro horas del día y los siete días de la semana para que el talento esté siempre acompañado. Una de esas personas en mi equipo es Manuela Gómez, una joven marketer muy emprendedora que, gracias a su formación en diferentes países, entiende cuáles son las reglas del juego en el mundo del marketing global y hoy se postula como una de las más exitosas líderes del marketing entre los menores de 30 años en la industria digital. La otra persona es Raúl García, un periodista y productor con gran experiencia en la televisión hispana, quien se convirtió en un soporte a la hora de armar campañas, crear presentaciones de venta y aterrizar los millones de ideas que tiene cada uno de los creadores. Además, es un puente con otros medios y les presenta las historias de éxito para amplificarlas en los medios más tradicionales. Esto no habría sido posible sin el apoyo de Luis Balaguer, Melissa Escobar y de Mari Urdaneta, a quienes considero nuestros mentores; y, adicional a esto, en el proceso de empezar un departamento desde cero en una industria naciente, se necesitó del apoyo de cada uno de los miembros de LatinWE, quienes hicieron y han hecho aportes muy importantes en este camino.

Todo esto nos ha servido para mantenernos vigentes y estar preparados para montarnos en esta tercera ola en la que Internet estará integrado a cada uno de los aspectos de nuestras vidas (LOT) o Internet de las cosas, y en que las inversiones en él alcanzarán cifras jamás vistas antes en esta industria. Se crearán entes supervisores y se logrará estandarizar una industria que, según proyecciones, para el 2023 llegará al trillón de dólares. Estas cifras nos dejan ver que Internet creó plataformas que vinieron para quedarse y para consolidarse, y que su participación en la industria del entretenimiento y la información seguirá moviéndose a la velocidad de la luz. Adaptarse cada vez más a su uso es vital, mientras que los creadores protagonistas que están o que lleguen a la cima serán aquellos que lograron sembrar una marca personal con fundamentos claros, que tienen una estrategia concreta para construir una comunidad y se puedan mantener en el tiempo innovando en sus contenidos, más allá de cualquier mensaje comercial que quieran promover. Estamos siendo testigos de que cada vez más todos somos partes del mundo digital y es por esto que hoy los creadores tienen un mundo más competitivo, donde existen las grandes corporaciones de la industria musical y del entretenimiento, así como también las celebridades de dichas industrias, lo que ocasiona que al creador de contenido que no tenga clara su marca personal y no defina su nicho de audiencia específico le sea muy difícil mantenerse.

CAPÍTULO DOS
¿CÓMO CONVERTIRSE EN UNA CELEBRIDAD DIGITAL?

 La creación de tu marca digital

Al entender la responsabilidad que conlleva decidir entrar al mundo a digital, uno de los fundamentos básicos es tener muy claro cómo vas a lograr construir una comunidad digital, antes de pensar cuánto vas a ganar o cuándo vas a ser famoso. De hecho, esta es una pregunta que me hacen con frecuencia cada vez que se me acercan o me escriben en mis redes sociales: ¿cómo puedo convertirme en un influenciador exitoso? Mi respuesta es: "Mucho trabajo, mucho compromiso y aún más dedicación, si es verdad que quieres ser exitoso, porque para hacerlo, además de las habilidades que tienes que tener en la creación de contenido, debes construir una marca personal que te permita a la vez construir una comunidad para permanecer en el tiempo. De lo contrario, serás uno de los millones que desiste en el camino o que simplemente se quedan en la fase de ser personajes virales.

De hecho, tengo diez preguntas que les hago para que ellos mismos se den cuenta de que ser un creador de contenido no es simplemente tomarse fotos y hacer caras chistosas, sino que, al contrario, necesita de muchas habilidades y trabajo constante. Y también me sirve a mí para darme en cuenta de qué tan en serio se está tomando su deseo y si está buscando ser un influenciador a largo plazo o si pasará a la lista de creadores virales de contenido de corto ciclo de vida.

Vamos a trabajar este capítulo a manera de taller para encontrar las bases que te podrán llevar a dar el primer paso para convertirte en una celebridad digital o, si ya diste esos primeros pasos, para hacer ajustes y encaminarte.

1. Encuentra tu misión y tu pasión. ¿Cuál es tu misión? ¿Para qué quieres empezar a hacer videos? ¿Qué mensaje quieres dar al mundo? ¿Cuál es tu pasión?

○──────────────────────────────────────
La clave de ser una voz y no un eco de las plataformas

Más allá de la fama y de acumular millones de likes, views y seguidores, los creadores de contenido que han perdurado han sido quienes tuvieron la necesidad de comunicar algo más profundo. Aunque en la mayoría de los casos no lo tenían claro desde el principio, a medida que pasó el tiempo descubrieron que gracias a su creatividad y a su pasión por crear historias lograron encontrar unos propósitos personales que terminaron convirtiéndose en la herramienta fundamental para inspirar a otros y en el medio para encontrar su misión. Es decir, más allá de los videos de retos, de tutoriales o de historias con las que divierten a millones de espectadores, se pueden ver jóvenes que con cada acción o con cada mensaje inspiran a sus seguidores para salir en busca de sus sueños, los invitan a perder el miedo de ser ellos mismos y los motivan a dejar de ser agentes pasivos para transformarse en líderes activos en su hogar, comunidad, ciudad, país o en el mundo. Estas acciones los convirtieron en líderes inspiradores para sus propias comunidades, lo cual obliga a que las nuevas generaciones de creadores de contenidos entiendan que, si quieren posicionarse, más allá de querer ser famosos deben descubrir su propósito y verlo con una visión empresarial, aunque la visión de empresa no debe ser más importante que su propósito.

Cuando estaba empezando a conocer este mundo y a apasionarme por entenderlo, me llamó la atención escuchar a mucha gente decir que los creadores de contenido eran parte de las nuevas generaciones, como los *millennial*, jóvenes que no sabían lo que querían, una generación egocéntrica, floja y arrogante; juicios que me sorprendían porque, por el contrario, yo encontraba que había mucho que aprender de ellos. Además, leí estudios sobre esta generación porque sin duda era la generación objetivo en Estados Unidos —donde ya se empezaba a hablar de las generaciones Z y Alpha— ya que en ese entonces se convertían en el grupo más grande de fuerza laboral; las encuestas mostraban que lo que ellos buscaban en una compañía era muy diferente de lo que buscaron las generaciones anteriores. Para ellos un buen salario era importante, pero mucho más lo era el propósito, la pasión y el significado. Y es aquí la importancia en cualquier compañía o medio que quiera conectar con la audiencia en la actualidad.

Estos jóvenes no quieren convertirse en un empleado más, al contrario, una de sus características principales es su espíritu emprendedor, que los incentiva a buscar cambios sociales más allá de un beneficio económico; quieren ser dueños de su tiempo, son arriesgados y están dispuestos a conquistar el mundo. Además, están creando organizaciones disruptivas a nivel global. Si nos fijamos en las personas que están detrás de cada red social o de cada una de las plataformas de transporte como Uber y Lyft y de aplicaciones como AirBnB que están cambiando el mundo, la mayoría son jóvenes entre los diecisiete y los veintiún años. Y, sumado a esto, no es casualidad que la activista ambiental, Greta Thunberg, haya sido nombrada personaje del año de la revista *Time*.

¿Quiénes pertenecen a la generación Z?[3]

Nacieron entre 1995 y 2009 y hoy en día conforman la generación mayoritaria en el mundo con un porcentaje superior al 30%. Esta generación es absolutamente global y al haber crecido en pleno siglo XXI, viven conectados a las redes sociales. Para el 2025, constituirán el 25% de la fuerza laboral.

¿Quiénes pertenecen a la generación alpha?

Nacieron después del año 2010 y son los hijos de la generación Y, quienes nacieron entre 1980 y el año 2000, más conocidos como la generación *millenial*. Cada semana nacen en el mundo aproximadamente 2,5 millones de individuos alpha.

También tuve el privilegio de pertenecer a la generación Y, pero en sus inicios, lo que me permite tener una visión de los mi-

---

3   31 *Characteristics of the Emerging Generations*. (Artículo en línea) disponible en: https://mccrindle.com.au/insights/blogarchive/gen-z-and-gen-alpha-infographic-update/

llennial y de la generación alpha, hecho que, sin duda, me da el privilegio de poner en práctica lo mejor de las dos y que anticipadamente me dio la posibilidad de encontrar que había mucho por escuchar antes de levantar un juicio en su contra. De hecho, el tiempo me dio la razón y fue tras el terrible terremoto de México en septiembre de 2017 que un medio de comunicación tuvo la valentía de reconocerlo. Fue la revista *Quién,* que en un artículo reveló quiénes eran estos populares jóvenes de las redes sociales y cómo eran agentes de cambio. No era difícil saber que tarde o temprano esto iba a terminar pasando: los medios tradicionales tendrían que reconocerlo.

En tan solo unos meses de trabajo con estos jóvenes, mi vida había cambiado completamente luego de haberme cuestionado: ¿qué hecho yo todo este tiempo?, ¿qué es lo que me apasiona?, ¿cuál es mi propósito de vida? Pues hasta ese día me sentía afortunada porque había estudiado, había podido ejercer mi carrera en las compañías más destacadas del sector, pero solo entonces me di cuenta de que lo que había estado haciendo era seguir reglas, en vez de romper esquemas. Este grupo de jóvenes, que no llegaba a sus veinte años, me hablaba de lo que hacía, lo que quería y lo que buscaba como si fueran expertos en marca personal. Esto me llevó a darme cuenta de que era el momento de aprender, reinventarme y empezar a predicar un poco sobre este universo del que todos hablaban pero que nadie entendía muy bien, y así, como sin querer, fue que encontré mi misión de vida.

Si ahora que te hablo de misión de vida sientes que no la tienes, no importa, yo la encontré a los treinta años y solo entonces entendí lo importante que era descubrirla, porque realmente la vida cambia.

Recuerdo que en los inicios de esta etapa conocí a Los Polinesios —tres hermanos jovencitos— y cuando supe que su visión del negocio digital era convertirse en un grupo de entretenimiento tan importante como Disney o Universal, entendí que para ellos no había límites. La seguridad con la que hablaban de ello me dio la confianza de que tenían todas las herramientas para lograrlo. Hoy, cinco años después, Los Polinesios han formado su propia network, al juntar varios canales de YouTube en simultánea, con un alcance de billones de vistas al mes, con una de las giras de youtubers latinoamericanos más importantes y con una serie de proyectos que demuestran que no hay sueños descabellados si trabajas incasablemente para cumplirlos.

Así mismo, recuerdo cuando conocí a Sebastián Villalobos, a Juan Pablo Jaramillo, a Mario Ruiz y a Sebastián Arango en México. En ese momento eran un grupo de jovencitos colombianos que, con el impulso de sus amigos creadores, habían llegado a ese país en búsqueda de las oportunidades que en Colombia todavía no se daban, y así ampliaban la expansión de youtubers internacionales que por intuición se acercaban al mercado más importante de Latinoamérica. Su misión era la de continuar creando contenidos para seguir divirtiendo e inspirando a sus audiencias y así alcanzar nuevos objetivos.

La misión personal es como la misión de una empresa y consiste en encontrarle la respuesta al *¿por qué?* y al *¿para qué?* Por eso a veces es tan difícil saber a ciencia cierta cuál es, pero conocerla te da una ventaja en un mundo digital que es tan competitivo, donde las posibilidades no las tiene quien más conocimiento o experiencia tenga, sino quien sepa aplicar estrategias para tener más visibilidad. Por esto el personal branding o marca personal se convierte en uno de los pilares más importantes en el mundo de los creadores de contenido, porque sin lugar a dudas te permitirá tener una ventaja competitiva frente a cualquier otra persona que se centre en hacer contenidos pensando simplemente en los views y los likes.

Por eso, siempre que nos sentamos a trabajar con estos creadores para desarrollar un plan de acción me gusta que inicialmente sean ellos mismos quienes descubran su misión. Steve Jobs la definía con una pregunta: ¿Qué es lo que produce que tu corazón cante? "What makes your heart sing?". Como muchas veces no tenemos claro esto, te invito a responder estas preguntas que te ayudarán a descubrirlo. Al responder esto estarás definiendo tu misión de marca.

1. ¿Cuál es ese mensaje que quisieras dejar en la gente que te sigue?

   _____

2. ¿Cuál es la visión de tu marca? ¿A dónde la quieres llevar?

   _____

3. ¿Cuáles son los temas que más te apasionan?

   _____

4. ¿Cuáles son los temas que a tus amigos y familiares les gusta consultarte?

   _____

5. ¿Qué categorías te gustaría forjar en tu marca?

   _____

6. ¿Cuáles son tus colores favoritos? ¿Y tus fuentes favoritas?

   _____

7. ¿Cuáles son las marcas que más se identifican contigo y por qué?

   _____

8. ¿Qué actividad podrías hacer una y otra vez y, además, gratis? ¿Por qué?

   _____

Si no tienes todas las respuestas en este momento, no importa, lo que importa es que empieces a buscar diariamente, en todas las acciones que haces, qué es lo que te apasiona; busca en todas las personas a quienes sigues y en los contenidos que consumes eso que tienen en común y qué es lo que te permite conectar con ellos. No te detengas, sigue avanzando y más bien de vez en cuando regresa a este punto, que es el que te permitirá encontrar esa misión.

En la actualidad existen muchas personas, *coach* de estilo de vida y compañías que te ayudan a encontrar tu misión para que la puedas convertir en tu marca personal. En mi caso he tenido la posibilidad de trabajar con marcas como Maebranding, Ah Studio, Agencia Mola, Caracoli Studio, entre otras, y por eso te invito a explorar opciones similares cuando sientas que las preguntas que formulé en el anterior cuestionario no se responden por sí solas. No sientas miedo de pedir ayuda, pues este es el trabajo que le dará las bases a todo lo que quieras construir. Los creadores de contenido hicieron de su pasión una marca personal y crearon un *storytelling* que conectó con un grupo de personas, por eso cada vez que una persona se me acerca con ideas para crear contenidos de videos que sigan todas las tendencias y así abrir sus redes sociales, siempre les digo que no se trata de imitar, se trata de encontrar y fundar una marca personal para comunicar y así trascender. Esa, lo aseguro, es la única manera para poder tener éxito en el mundo digital.

Siempre hago énfasis en que a lo mejor estos jóvenes construyeron el éxito digital mientras estaban descubriendo que lo que hacían para divertirse era su misión de vida. Ahora lo saben y lo hacen con todo el profesionalismo, por tanto, los nuevos creadores tienen la obligación de ponerse a nivel antes de empezar en esta comunidad que ya funciona y tiene unos estándares ya marcados.

SI ERES UNA MARCA. ¿Cuáles consideras que son los valores de tu marca? Uno de los retos más importantes para las marcas hoy en día es sacar a la luz un poco de esa identidad corporativa que permita conocer la misión, el propósito y la filosofía de la compañía. Según una de las últimas encuestas de audiencia global, cerca de dos tercios de los consumidores globales prefieren comprar productos y servicios de compañías que tengan un propósito que refleje sus valores y creencias. Las nuevas audiencias no compran productos, compran el producto por lo que puede generar la compra de ese producto, tanto así, que aseguran que el 77% de las nuevas audiencias no reconocen las marcas principales que han dominado el mercado en los últimos años, según el estudio hecho por Havas Media en el 2019. Esto obliga a que las compañías de hoy busquen tener un MTP (*Massive Transformative Purpose*) o a aliarse con compañías que lo tengan, como afirma Salim Ismail en su libro, *Organizaciones exponenciales*.

2. *Storytelling*. ¿Cuál es tu historia y cómo la vas a contar?

Ser un líder inspirador a través de las historias que cuentas te convierte en el héroe de tu propia historia.

El *storytelling* es un tema fundamental en esta nueva era, tanto para los creadores de contenido, las marcas y los medios, porque es la manera de conectar con la audiencia. En lugar de denominar a esta "la generación del like" yo la llamo "la generación del *storytelling*", ya que para mí esa fue la herramienta principal con la que lograron conectar emocionalmente con la audiencia, tal y como lo han hecho la música y las historias de literatura universal, que logran impactar a millones de personas en el mundo. Como dice Carmine Gallo en su libro, *El secreto de los narradores*, el *storytelling* es la moneda del siglo XXI, la persona que tenga la habilidad de empaquetar ideas con emoción, contexto y relevancia es la que liderará en esta era digital.

Los humanos somos narradores o *storytellers* por naturaleza, pertenecemos a culturas que han sido preservadas por la narración de historias y todos tenemos una propia. Aun así, no todos somos grandes *storytellers*, no todos tenemos la habilidad de contar historias que impacten y conecten emocionalmente como lo han hecho los creadores con su audiencia.

Cuando yo llevaba doce años en la industria de la televisión, trabajaba supervisando contenidos para el canal hispano líder de YouTube, eso me obligó a convertirme en la consumidora número uno de esa plataforma. Muchas veces encontraba videos que contaban historias universales, con héroes de carne y hueso y con grandes relatores que eran los mismos protagonistas de la historia. Sabía que ese sería uno de los grandes retos que tendría yo y todas las personas que vinieran de la industria tradicional, porque si queríamos conectar con esta nueva audiencia tendríamos que entender que la tan aclamada imparcialidad o neutralidad con la que nos habían formado empezaba a hacer parte del pasado, ya que ahora cuanto más personal fuera la historia, más conexión emocional tendría con el público. Aquí los protagonistas de esas historias eran ellos, jóvenes de carne y hueso que en cada video que grababan daban su opinión sin importar las consecuencias, y en cada cosa que hacían mostraban a su audiencia que estaban trabajando por sus sueños y que, gracias al apoyo que recibían de ellos, los estaban haciendo realidad. Así establecían una relación tan fuerte con su público que les permitía crear movimientos sociales y los convertía en líderes inspiradores: los héroes apasionados de su propia leyenda, tal como lo han hecho los grandes líderes universales.

Aunque entendía que era un cambio de forma y no de fondo, sí representaba un reto para los productores, escritores, directores, editores y todas las personas que trabajan en el mundo de los contenidos, ya que la audiencia ahora tenía un enorme poder de decisión y estaba pidiendo a gritos unas historias mucho más reales y cortas, y es por esto que en esta época —además del éxito de los vloggers en digital— en televisión se dio el *boom* de las series llamadas *biopics* y de los reality *shows*.

Medios tradicionales vs. nuevos medios

Héroes inalcanzables	Héroes reales
Telenovelas de 252 capítulos	*Realities*
Biopics	Trece a máximo sesenta episodios
Estudios de televisión	Locaciones reales
30 minutos máximo 1 hora	Duran lo que el contenido indique
Neutral	Subjetivo
Prime time o un horario estelar	*Prime time* personal
Audiencia	Comunidad
Un televisor	Múltiples dispositivos

A pesar de esta evolución que vemos en los medios, sigue prevaleciendo la historia como principal protagonista. Como decía John Lasseter, fundador de Pixar —compañía que revolucionó el mundo del cine— y socio de Steve Jobs, en el libro *El secreto de los narradores*, escrito por Carmine Gallo: "La tecnología no entretiene las audiencias por sí solas, las apoya, pero la historia siempre es y será lo primordial y lo que prevalece". En la era digital si a esa historia le sumas un gran *storyteller* protagonista tienes el combo perfecto que te permitirá sobresalir en cualquier medio, red o plataforma. En ese sentido estoy de acuerdo con el dicho que sostiene que el contenido es "King", pero el contenido más un gran protagonista es King Kong. Especialmente hoy en día, cuando debemos contar historias multiplataformas que se adapten a distintos medios o plataformas para poder alcanzar el objetivo de comunicación que se tenga.

Para mí, uno de los mejores casos de historia multiplataforma es el de las Kardashian, que gracias a su reality de televisión —que se alimenta de contenidos de las redes— la audiencia vive inmersa en su historia y no logra saber qué es realidad o ficción. Con esto han podido construir un emporio familiar que hoy las pone en la lista de las mujeres más poderosas del mundo del entretenimiento.

Los creadores de contenido que nacieron de las plataformas digitales también comparten su vida diariamente con su audiencia. Yo llamaba a esto "el nuevo Gran Hermano", porque para mí su exposición era literalmente total, sin embargo, con el tiempo entendí que no son chicos que graben absolutamente todo, 24/7, y que no dejan de tener una vida por estar grabando; ellos son expertos y cuando llegan a un lugar saben cuál es la historia que quieren contar, hacen un listado a modo de guía, hacen lo que tienen que hacer y luego pueden disfrutar y usar su cámara en los momentos ideales para su video.

Para mí todos los creadores son grandes *storytellers*, siempre he admirado su capacidad para contar historias. Un gran ejemplo es Sebastián Villalobos porque no importa si graba un video, o si debe hablar en público o en una entrevista, siempre cuenta historias que conectan con la gente y la hacen navegar a través de sus emociones, pasando de la alegría al llanto para terminar con una historia motivadora que invita a salir y querer ser ese granito de arena que permita transformar el mundo, como un verdadero ejemplo de un líder y en su discurso uno puede encontrar una retórica básica: empieza con una historia sencilla, luego identifica a la audiencia con su historia y después la convierte en un caso de éxito. Esto hace de él un líder inspirador. Gracias a él he aprendido que todos tenemos millones de historias maravillosas para contar, pero nos cuesta mucho comunicarlas y transmitirlas de la manera adecuada.

Por eso es tan importante que cuando sientas un bloqueo hagas el ejercicio de recordar esos momentos de tu vida en los que has logrado algo, has sobrepasado un obstáculo y, claro, esas veces en las que aprendiste una lección, porque seguramente fueron situaciones difíciles, pero justamente ellas fueron las que te ayudaron a ser quien eres hoy en día. Inténtalo y descubrirás un montón de historias nuevas por contar.

Lista de momentos importantes de mi vida en los que enfrenté y superé algún obstáculo puntual:

1. _____

2. _____

3. _____

4. _____

5. _____

Ahora empieza a estructurar cada una de estas historias en un esquema básico. ¿Cómo empieza? (Inicio) ¿Cuál fue el momento inesperado? ¿Cuál sería el conflicto? (Nudo) ¿Cómo se transformó? ¿Qué lección te dejó? Este será el desenlace. Una vez tengas todas estas respuestas, empieza a escribir tu historia inspiradora que logre impactar a un grupo de personas.

SI YA ERES UNA MARCA. Hoy en día las marcas necesitan convertirse en *storytellers* y eso no es algo imposible de hacer. Nosotros creamos una marca de entretenimiento llamada RAZE que en el mundo digital logró conectar a múltiples audiencias, porque tenía una voz auténtica que logró reflejar los intereses de la comunidad digital y por eso tuvo un crecimiento acelerado y entró a competir con las principales marcas del entretenimiento como Viacom, Disney, TNT y Sony, hasta ser adquirida por uno de estos.

Otras marcas que manejan muy bien su voz son las marcas de belleza y de moda que han ido muy de la mano con el desarrollo digital. Este es el caso de Benefit, Dose of Colors, Anastasia, Beverly Hills, Calvin Klein, H&M, entre otras que entendieron que debían desarrollar un concepto y una voz para transmitir información, colaboran con creadores afines en cada país donde tiene presencia, inspiran y comparten experiencias con sus consumidores. Además, entendieron que a través del contenido podían conectar con sus compradores potenciales y darles un completo *customer journey* —o experiencia de usuario— antes, durante y después de hacer su compra. Por lo tanto, es muy importante definir esa voz antes de abrir un espacio en las redes y subir contenidos, y aún más cuando se empiezan a crear relaciones con los creadores de contenidos que se convierten en los embajadores de la marca, ya que su personalidad y sus valores deben estar alineados para que haya una relación positiva entre ambos.

3. Creatividad. ¿Cuál va a ser ese formato con el que vas a innovar?

Los visionarios no son los que predicen el futuro sino quienes lo crean, y la innovación es clave en el mundo digital.

Una vez tienes claro tu mensaje y tu manera única de contar historias, es muy importante crear un formato innovador, o si vas a utilizar alguno de los miles de formatos creados en Internet, tienes que adaptarlo a tu esencia y convertirlo en algo que sí se sienta parte de tu marca y que tenga coherencia con la audiencia a la que te quieres dirigir.

Además, si vamos al significado, creador de contenidos proviene de la palabra **crear.** Por eso es muy importante que antes de crear un video, revises referentes o formatos similares, descubras nuevas herramientas que tiene la plataforma o revises qué hay de nuevo en la tecnología, o en efectos para cambiar un poco la edición o elaboración del video, luego puedes sentarte a hacer un *brainstorming* o lluvia de ideas para poder llevar tu propuesta a otro nivel e innovar.

Recuerda que cada red tiene sus formatos ya establecidos y muchas personas generan el contenido de acuerdo a esos formatos, pero la manera de realizarlos depende de cada uno y es ahí donde puedes marcar la diferencia, al hacerle a ese formato una variación única y hacer que tu video no sea uno más, sino que se convierta en un referente.

YouTube	▶	Vlogs, tutoriales, *sketches*, *storytime*, retos, *livestreaming*, preguntas y respuestas.
Instagram	⊙	Fotos y *lifestyle*, *sketches*, tutoriales cortos, *fashion films*.
Facebook	f	Tutoriales, tips, información corta, *live streaming*, discusión de temas específicos.
TikTok	♪ TikTok	Creación de contenido corto a partir de unos parámetros.

¿Que todo ya está inventado? Sí, soy fiel creyente de esto, pero siento que hay formas en las que sí es posible innovar poniendo un sello personal. Hace unos meses uno de nuestros creadores me sorprendió al confirmarme que siempre hay una manera de reinventarse: me refiero a Luisa Fernanda W. Una creadora con una trayectoria de más de ocho años creando contenido para todas sus redes, quien hace dos años, en la búsqueda de reinventarse junto al grupo musical del cual hacía parte, creó el formato de "coverso" en el que elegía una canción y le modificaba la letra usando temáticas que identificaban a su audiencia y etiquetaba el contenido con su grupo de amigos. Este caso es perfecto porque se trataba de crear videos con temáticas afines y temas que ya existían, y que incluso ella ya había abordado en otros videos, pero creó un nuevo formato para contarlos. Eran como los musicales en vivo de las redes sociales. Creo que el resultado de la aceptación de su audiencia se vio inmediatamente y llegó a superar el millón de visualizaciones en menos de veinticuatro horas.

SI ERES UNA MARCA. Siempre es muy importante la manera que encuentres para conectar con la comunidad que has formado, ya sea por medio de videos, fotos o memes. Lo importante es que logres encontrar un formato divertido que genere impacto en la audiencia para que lo quieran compartir y comentar y así generar *engagement*. Por ejemplo, Tasty, con sus recetas deliciosas y fáciles de hacer; Vice, con la manera en la que desarrollan reportajes de interés público; NatGeo con su mirada única del mundo y Otro, donde nos muestran lo que nadie más hace visible en el mundo del deporte, entre otros.

Escribe el top cinco de cuentas en redes de marcas que te llamen la atención por su manera de contar historias:

1. _____

2. _____

3. _____

4. _____

5. _____

Define qué es lo que más te gusta de ellas.

1. _____

2. _____

3. _____

4. _____

5. _____

¿Qué no te gusta?

_____

_____

Escribe cinco opciones de cómo te gustaría mejorarlas.

1. _____

2. _____

3. _____

4. _____

5. _____

4. Autenticidad. ¿Cómo haces que tu contenido sea auténtico?

El secreto está en que tu contenido refleje tu personalidad y tu esencia.

Esta es una de las características esenciales que cualquier creador de contenido debe tener. Ya sé que suena a cliché, es una palabra que se puso de moda porque todo el mundo la dice, pero nadie la aplica porque muchos contenidos en redes nos parecen igualitos. Y sí, es verdad, con el tiempo las redes sociales han generado formatos de contenido que hacen que la gente pueda crear videos similares como los retos, los vlogs, los *storytime*, los tutoriales en YouTube o en Instagram, las fotos aspiracionales de Instagram o los videos experienciales de un minuto, entre otros. Pero la manera como edites ese video y lo personalices con las herramientas de edición, es la que permitirá que tus contenidos tengan impregnada tu personalidad y si, a pesar de tener un formato generalizado, logras que la gente al verlo pueda reconocer que lo hiciste tú, te aseguro que tendrás el éxito garantizado.

Este tema me llama la atención porque tiene mucha relación con la psicología, una disciplina que me apasiona muchísimo. Y es que para ser auténtico te tienes que conocer muy bien y debes tener claras tus cualidades y defectos, es decir, en la práctica se aplican muchos principios de la neurociencia, ya que te exige conocer las muchas facetas de tu personalidad y del ser único que eres.

Siempre me gusta explicar que la autenticidad de un creador se refleja en la edición del video y es por esto que es una de las funciones más difíciles de delegar para una estrella digital: el ritmo del video, las fuentes, la paleta de colores de la imagen, la musicalización, los efectos, los filtros, los acentos de sonido y las gráficas son los elementos que sin lugar a dudas permitirán que tu video sea único. Grandes ejemplos de personalización de contenidos son los de Yuya, Pautips y Calle y Poché, la verdad es que con solo oír la música que eligen en sus videos se puede identificar que llevan su marca. Y si realmente entendemos que estamos pasando de los medios masivos a los medios personalizados, valoraremos la importancia de este punto.

Quiero hacer énfasis en Calle y Poché, quienes son un gran ejemplo en este punto porque, a diferencia de todos los pioneros de este mundo de creadores de contenido digital, empezaron a consolidar su carrera hace tan solo tres años y a pesar de que bajo su categoría existía un gran grupo de creadoras reconocidas, lograron entrar y consolidarse rápido gracias, en gran parte, al maravilloso trabajo de personalización con el que empezaron. Se puede ver desde el primer video que subieron y la primera foto que publicaron en Instagram que es contenido de calidad, cuidado hasta el último detalle. En medio de tantas creadoras del mundo de la belleza y del *lifestyle*, ellas impusieron su propio estilo y estética, y esto lo lograron porque sabían lo que querían una vez lo empezaron a hacer. Los resultados de su gran trabajo es que en un año crecieron un mil por ciento en redes sociales y después de tres años son unas de las creadoras multiplataforma más hot del momento, con un nivel de *engagement* cinco veces mayor al estándar de la industria, que es del 2%.

SI ERES UNA MARCA. La autenticidad de tu marca es lo que te va a permitir tener una voz en la comunidad digital y que las personas puedan identificarte fácilmente. Por favor, no termines creando una cuenta llena de *reposts* o de gráficas tomadas de todas partes, ni tampoco fotos sin sentido y sin armonía, porque quiere decir que no estás listo para posicionar tu marca en las plataformas digitales. Por eso es muy importante que retomes el manual de marca y saques toda esa información relacionada con la identidad de marca, los colores, las tipografías, los logos y la pongas en práctica para crear gráficas, gifs, campañas estratégicas en las que puedas compartir con tu audiencia contenidos que tengan una identidad visual y una armonía que nos ayude a identificarte. Recuerda que para formar una comunidad debes dar ciertos elementos que generen pertenencia y símbolos que los identifican.

¿Qué es eso que te hace único? ¿Lo que la gente siempre admira de ti?

_____

Menciona cinco valores que te caractericen como persona o como marca.

1. _____

2. _____

3. _____

4. _____

5. _____

Haz una lista de cinco marcas o contenidos que sean un referente y una inspiración para ti.

1. _____

2. _____

3. _____

4. _____

5. _____

En el espacio siguiente realiza un análisis DOFA en el que destaques las debilidades, las oportunidades, las fortalezas y las amenazas de tu proyecto.

D	DEBILIDADES
O	OPORTUNIDADES
F	FORTALEZAS
A	AMENAZAS

5. Responsabilidad social. ¿Sabes que a mayor impacto en digital es mayor la responsabilidad?

Conviértete en ese granito de arena del cambio que quieres ver.

Cuando eres un exitoso creador de contenidos, muchas veces no llegas a comprender la responsabilidad que esto conlleva, pues te estás convirtiendo en el líder de una comunidad o en una figura pública, alguien con quien la audiencia se entretiene, se ríe, pero también un mentor de vida, alguien a quien seguir. Esto representa un arma de doble filo, porque genera unos compromisos que te obligan a ver más allá y a ser más responsable con cada cosa que hagas. De hecho, cuando empecé a trabajar con muchos de estos creadores y les hablaba de este tema, muchos no entendían la importancia de la responsabilidad social, y decidieron seguir haciendo sus contenidos a su manera. Muchos de ellos hoy no figuran en el panorama digital o se quedaron en ser solo personajes virales.

Por eso siempre les digo a todos los creadores que este es uno de los pilares fundamentales para construir una carrera a largo plazo, además de una marca personal y una comunidad sólida, pues exige más trabajo pensar y crear un video divertido en lugar de quedarse en el humor vano de las groserías, las connotaciones sexuales, las borracheras y esos elementos que hacen reír a cualquiera pero que terminan siendo contenidos facilistas.

Además, como toda figura pública, creo que la responsabilidad de ser ese granito de arena para ser el cambio que quieres ver es algo que todos deberían tener en cuenta. En ese sentido siempre me vienen a la mente las palabras de Shakira en una entrevista: "...creo que los artistas tenemos responsabilidades, todas las figuras públicas que aparecen ante las cámaras deben aprovechar su posición para mejorar el mundo. Todos tenemos un papel en la sociedad y una oportunidad para corregir lo que creemos que está mal".[4]

Como marca personal debes proyectarte, pero al mismo tiempo apoyar causas que validen los valores propios que te caracterizan. Un gran ejemplo de cómo a través de contenidos podemos lograr impactos positivos en nuestra sociedad sin dejar de entretener es el de Juan Pablo Jaramillo y Sebastián Villalobos, quienes, con sus testimonios, lograron que la adopción igualitaria fuera viable en un país como Colombia. También la ley "Aquí entran todos" de Juan Pablo Jaramillo y Cristian Castiblanco en la que buscan la evolución de un país en el que se discrimine menos, ya sea por género, raza o religión. Asimismo, Claudia Bahamón nos inspira diariamente y nos invita a generar una conciencia que nos lleve a descubrir maneras de cuidar nuestro planeta y gracias a esta pasión hoy lidera junto a la organización WWF el programa #Los-20del20, en el cual se unió con Sebastián Villalobos para encontrar los veinte influencers latinoamericanos que se unirán para inspirar a su comunidades a tomar acciones inmediatas para que permita detener el aumento de la temperatura y la pérdida de biodiversidad para asegurar la vida en la Tierra. Y como estos ejemplos hay muchas otras causas en el mundo; estoy segura de que si las marcas buscaran trabajar con creadores para impulsarlas, lograrían crear resultados con impactos sin precedentes.

---

4   "La responsabilidad social del artista según Shakira". Revista *Semana*. (Artículo en línea) disponible en: https://www.semana.com/gente/articulo/la-responsabilidad-social-del-artista-segun-shakira/254214-3

SI ERES MARCA. Todas las compañías tienen un sentido de responsabilidad importante que está desde sus fundamentos y además tienen instauradas medidas de responsabilidad social, lo único es que muchas veces la comunicación al respecto es interna. En ese sentido, las redes sociales son la oportunidad de hacerla más visible. Estas causas se convierten en una herramienta perfecta para conectar con las nuevas audiencias, sobre todo en la actualidad, pues los principales consumidores buscan marcas con propósito y ese es un factor decisivo en el momento de elegir que comprar.

- ¿Cuál es el tema de responsabilidad social que más está alineado con tu marca?

- ¿Cuáles, de los temas sociales que son importantes para la audiencia de hoy, van alineados con tu marca?

- ¿Qué oportunidades de comunicación se pueden desarrollar para visibilizar la responsabilidad social?

- ¿Qué creadores ves trabajando en estas temáticas?

6. Conocimientos técnicos. ¿Estás listo para producir tus videos con la calidad adecuada?

En digital prima la experiencia del consumidor y la calidad es clave para lograrlo.

Una característica de una celebridad digital es que siempre está preocupada por la calidad de sus producciones, pues su mayor interés es que su audiencia tenga una buena experiencia viendo sus videos. Si hay algo que debemos resaltar de cada creador es que la calidad de sus contenidos —tanto en video como en la iluminación y la edición— es muy alta. Por lo general en sus inicios, e incluso después de ganar popularidad, muchos de ellos son los que se encargan de hacer todo este trabajo porque, aunque tienen la posibilidad de contratar a terceros que lo hagan por ellos, es un trabajo que hacen con mucha supervisión ya que el secreto está en que no se pierda su esencia.

Algo de admirar es que en sus inicios los creadores de contenido aprendieron todos los conocimientos básicos de cámara, iluminación, audio, edición de manera autodidacta, a través de tutoriales de YouTube, y ese aprendizaje sigue evolucionando al ritmo de la tecnología. Esto ha sido clave para que ellos sigan generando contenidos con la calidad actual y también para que en el momento de supervisar puedan llevar al camarógrafo, luminotécnico y editor a que les entreguen su idea tal cual la visualizaron. De hecho, trabajando con ellos me di a la tarea de aprender a editar, porque no podía creer que luego de haber pasado por la universidad y llevando tantos años en el medio yo no lo supiera hacer.

Juana Martínez, Juan Pablo Jaramillo, Matthew Windey, Calle y Poché y en general todos siempre están preocupados por mejorar su estilo visual en los videos y siempre están introduciendo efectos y nuevas técnicas que permitan mostrar una evolución. Lo que más me gusta de esto es que han construido una audiencia más exigente a la hora de consumir contenidos. Por eso aquel que quiera empezar a hacer videos con una cámara web no está listo para entrar a esta comunidad de creadores y trascender. ¿Y si no estás listo para hacerlo tú mismo? Hoy tienes la facilidad de poder conformar un equipo que te ayude a crear esa plantilla visual de tus videos. Aunque esto puede ser demorado y costoso, hoy es una herramienta válida de tener.

EQUIPO BÁSICO PARA LA CREACIÓN DE CONTENIDOS

1. CÁMARA:

Cámara Vlogs Sony a 6500 o Canon S 120 digital o un buen teléfono (IPhone X, Huawei P30, Samsung). Y para producciones más elaboradas los creadores usan la Canon 5D o 7D.

2. LUCES:

El *Led Ring Light* es la mejor solución en cuanto a iluminación para contenidos de redes, sobre todo cuando se trata de selfis. Esta es una luz en formato circular que se introduce en la cámara y que permite dar una iluminación perfecta para el rostro que se quiere enfocar frente a la cámara. También es muy útil el *softlight*. Este es un equipo utilizado frecuentemente, pues genera una luz difusa y suave que, cuando se enfoca correctamente, disminuye las sombras y resalta los trazos naturales de la persona que está frente a la cámara. El equipo consiste en una lámpara fría, acoplada a una caja, forrada con papel brillante en el interior, y puede ser reproducida con cosas que tienes en casa, como una caja de zapatos, por ejemplo.

3. AUDIO:

Para los videos de calidad necesitan que tanto la imagen como el audio tengan la misma importancia, por eso es muy importante tener un buen micrófono o una buena aplicación de grabación de audio en tu teléfono, que te permita tener un sonido sin interferencias.

• MICRÓFONO DE SOLAPA:

Es el más indicado para presentaciones en cámara o entrevistas, ya que permite grabar con mayor nitidez. Por lo general estos micrófonos tienen un receptor que debe ir conectado o si es inalámbrico debe estar cerca para evitar interferencias. Es un modelo portátil, discreto y de precio moderado, por lo que es una buena solución.

• MICRÓFONO BOOM:

Es un micrófono direccional montado o conectado a un mástil pértiga, y que generalmente se usa en cine y televisión. Este tipo de dispositivos

libera las manos de actores o reporteros mientras que les permite disfrutar de la amplificación de audio de un micrófono tradicional.[5]

• MICRÓFONO DEL TELÉFONO:

Esta solución es ideal para las personas que están empezando y no cuentan con las condiciones económicas para invertir en un equipo específico para la captura de audio para vídeos.[6]

Los *smartphones* incluyen aplicaciones propias para grabación de audios y cada modelo presenta un desempeño diferente. Para saber si con tu aparato es posible obtener un sonido nítido y sin ruidos perjudiciales, haz algunas pruebas para chequear cómo suena tu voz en condiciones similares en las que estarás al grabar tus videos.

5   Enlace disponible en: https://es.scribd.com/document/416371631/Sonido-Directo-Boom

6   Enlace disponible en: https://blog.hotmart.com/es/microfono-para-grabar-videos/).

4. EDICIÓN:

Esta es una de las herramientas más importantes para un creador de contenidos porque permite que el video tenga los resultados que esperas, te permite personalizarlo. Por esto diría que sí o sí es una de las tareas que cualquier creador debe aprender. Para mí los mejores programas son el Final Cut 10 o el Premiere, ya que son fáciles de manejar y tienen muchas herramientas que te permitirán obtener el video que soñaste.

SI ERES MARCA. Las marcas deben tener un equipo multidisciplinario para crear el contenido de las plataformas sociales que requieren presencia 24/7. Este equipo debe estar conformado por: un realizador y editor, un *storyteller* y un community mánager para poder generar la cantidad de contenido necesario con la calidad y la personalización que se necesita. Hoy en día, el 80% de las compañías ya cuentan con un community mánager, sin embargo, no tienen claro que su función es clave al momento de la estrategia de posteos y contestar y generar conversaciones desde los comentarios, lo que hace que quede casi imposible encargarse también en la generación de contenido y la edición. Por eso es una necesidad que las compañías entiendan que esto, a nivel empresarial con las necesidades de las plataformas de contenido en el día a día, no es el trabajo de una sola persona y que debe ser de tiempo de completo y ojalá de un equipo *in–house* o muy cercano a la compañía para que en realidad todo sea creado como experiencia de la cultura organizacional.

- ¿Qué herramientas tienes para hacer videos?

- ¿Sabes hacer guiones?

- ¿Qué programas de edición manejas?

- ¿Estás capacitado para grabar videos (iluminación, audio, cámara)?

- ¿Cuáles referentes visuales tienes para tu marca? Menciona cinco.

- ¿Tienes claras las necesidades técnicas de los formatos que vas a desarrollar?

7. Autodidacta 24/7. ¿Cómo te mantienes informado del mundo digital?

Si quieres estar a la vanguardia debes estar informado.

Si bien convertirse en youtuber, instagrammer, twitstar, Facebook star no era algo que se podía estudiar en la universidad, sí requería que los creadores de contenido aprendieran de la creación de contenido, producción, post producción y marketing. La mayoría lo siguen aprendiendo de tutoriales de YouTube o consumiendo videos de las plataformas de algunos referentes que tienen, asistiendo a conferencias como VidCon o leyendo algunos portales como *Tubefilter*, *The Verge*, *Digiday* o *Think with Google*, entre otros. Todo esto que aprenden de nuevas herramientas, programas o *gadgets* lo utilizan para seguir mejorando e innovando su contenido y así lograr sorprender a su audiencia para mantenerse vigentes, ya que constantemente hay que reinventarse si lo que se busca es tener un largo alcance en el tiempo.

Estos chicos lograron cumplir el sueño de muchas personas: trabajar en lo que los apasiona. Cuando se tiene ese privilegio, uno termina trabajando 24/7, porque como estás haciendo lo que te gusta no sientes que es un trabajo. Esto también genera una gran responsabilidad, ya que eres el único que puede cumplir los *deadlines* o fechas de cierre cuando eres tu propio jefe, por eso insisto en que no hay nadie más *workaholic* o trabajador obsesivo que un creador de contenidos, pues además de estar supliendo las necesidades de contenidos para sus redes, cumpliendo compromisos con marcas o eventos, viajes, entrevistas, debe estar al día en lo que sucede y no quedarse atrás.

En un entorno donde tú eres tu propio jefe, el creativo, el productor, el posproductor, el director de marketing, el programador y el distribuidor, las tareas acapararán todo tu tiempo, por eso la idea es que cuando un creador de contenidos crezca lo suficiente, logre formar un equipo, ya que es una responsabilidad multidisciplinaria que a veces resulta desgastante para una sola persona. Por eso a quien no le apasione realmente y quien no lo haga con el propósito indicado, terminará desistiendo rápidamente.

SI ERES MARCA: es necesario que entiendas la necesidad de crear contenido 24/7 y multiplataforma, porque hoy en día hay una explosión de contenido y si tú no estás ahí, siendo constante con tu marca en las diferentes plataformas, reiterando tu mensaje, la gente se olvidará fácilmente de ti y no lograrás construir tu propia comunidad. Por eso necesitas un equipo 24/7 que conozca muy bien la comunidad digital, que sepa exactamente quiénes son los jugadores que debes tener como referentes y que pueda establecer cuáles son los temas que son tendencia para que logre ayudarte a encontrar nuevas audiencias. Por eso se necesita un equipo que sea proactivo, que se adapte con facilidad y que conozca muy bien el campo digital. No hay que cometer el error de asignarle esta tarea al empleado que no se sabe dónde ubicar y que, para no despedirlo, se le asigna un trabajo en el departamento de comunicación digital.

Establece las siguientes funciones. ¿Cuáles podrías hacer tú? ¿Cuáles podrías aprender? y ¿cuáles deberás asignar a un tercero?

Tarea	¿Quién lo hace?
Desarrollar ideas creativas	Creativo
Producción y parte técnica	Creación de contenido
	Edición
Estratega digital	Programador
	Marketer o community mánager
	Analista de data

8. Programación y estrategia. ¿Cuál es tu estrategia?

El éxito en digital depende de la estrategia que apliques al momento de compartir el contenido que creaste en tus redes sociales y del provecho que le puedas sacar a todo el material que publicaste.

Por eso es muy importante que hagas una programación de todos tus videos y que seas un estratega a la hora de organizar cómo vas a publicarlos. Entender que cada plataforma tiene una línea de comunicación particular es lo que te va a permitir usarla de la mejor manera para llegar a más usuarios. Cuando publicas un video que genera gran impacto en un corto periodo, la plataforma permite que los de la audiencia te descubran con mayor facilidad. Por eso es clave que los videos estén hechos a la medida de cada red social.

Por ejemplo, cada vez que un creador se va a un viaje sabe que hay que crear un gran video de toda la experiencia, pero mientras esto ocurre, va compartiendo lo que vive a través de *stories*, crea una conversación por Twitter para que sus seguidores le pidan qué quieren ver, se toma la súper foto para Instagram y puede hacer un *live* desde Facebook, así logra generar la expectativa necesaria para que su audiencia quiera ver el video completo del viaje, que muy seguramente editará en el vuelo de regreso y se publicará en YouTube. Y luego de todo esto, muy seguramente saldrán memes, videos de los mejores momentos y anécdotas importantes que quedaron por allí. Por eso para sacar el mayor provecho de cada experiencia es más fácil hacer una parrilla de programación, especialmente porque cuando la haces con antelación te permite ver celebraciones de temporada que pueden ser estratégicas para publicar videos relacionados a esa temática que muy seguramente tendrá importancia en un momento como San Valentín, el Día de la Madre, el Día del Padre, el Día de la Mujer, el Día del Niño, la temporada de verano, vacaciones, Navidad, entre otros temas que tengan importancia en tu comunidad.

SI ERES MARCA: generar un plan de contenidos te ayuda a sacarle más provecho a los días de grabación de campañas, cuando —en la mayoría de los casos— es necesario tener el equipo completo de producción y de plataformas sociales. Ten en cuenta que hay mucho contenido que se puede publicar sobre el detrás de cámaras o en camerinos, cosas que van sucediendo mientras el otro equipo está preocupado por el montaje y todo lo que tiene que ver con la grabación. Además, al contar con un calendario de publicaciones te aseguras de tener una comunicación constante con el público y con tu equipo, esto te servirá para aprovechar las oportunidades de contenidos que se presenten en fechas especiales, cuando tienes alguno de tus embajadores y voceros para mandar mensajes y otro tipo de cosas.

Plan de contenidos

Utiliza esta tabla para programar tu plan de contenidos en el que puedes incluir acciones como: subir *stories*, publicar en alguna plataforma, hacer lives, programar encuestas y compartir tips del día.

LUNES	MARTES	MIÉRCOLES	JUEVES	VIERNES	SÁBADO	DOMINGO

9. Constancia

¿Tienes un plan de acción anual?

Ser creador de contenido exitoso no es cuestión de suerte sino sinónimo de trabajo, disciplina y mucha constancia.

La mayoría de youtubers, cuando los descubrimos, llevaban entre cuatro y cinco años generando contenidos semanales en sus canales y casi a diario en todas sus redes. Ellos no llegaron a tener un millón de vistas de manera milagrosa, fue una comunidad que ellos trabajaron por años. Les pueden preguntar a todos: en sus primeros días lograban de cien a quinientas vistas y para ellos eso era un montón de gente, pudieron incrementar esos números gracias a que la pasión y el amor que le tenían a ese trabajo los mantenía haciéndolo, y por eso fueron muy constantes y lograron crear un hábito en su comunidad. Por eso al comienzo debes tener paciencia, es más, creo que hoy en día es necesario asignar un presupuesto de promoción o *pay media* y crecimiento, ya que es muy difícil para alguien que recién comienza empezar de cero y entrar en el mundo de los negocios digitales. Ojo, promocionar contenidos no es lo mismo que comprar seguidores, que es la peor práctica que puedes usar si quieres triunfar en el mundo digital.

El objetivo inicial es mantener un crecimiento constante, analizar tu comunidad y subcomunidades, entender cómo está reaccionando el algoritmo con tu contenido para crear la mejor estrategia y así poder crecer. Los resultados rápidos pueden ocurrir cuando un video se viraliza, y hemos sido testigos de miles de personajes virales que después de un tiempo desaparecen, como Gamgam Style, Colibritany, Ruby, La caída de Edgar, Rap del Dinero y Peter La Anguila.

Por eso siempre les digo a las personas que se quieren dedicar a ser creadores de contenidos y que antes quieren hacer una prueba porque tienen sus trabajos u otras cosas que hacer: si quieren adquirir los cimientos necesarios para apostarle a esto, tengan claro que es más que un trabajo de tiempo completo y que si no le pueden dedicar el tiempo necesario y no es su prioridad, va a ser muy difícil que puedan dar con los resultados que esperan.

Para ser constante la clave es aprender a organizarse, por eso es bueno que hagas un calendario de producción de contenidos y de edición para que puedas priorizar qué debes empezar a editar y cuánto tiempo que tienes para tenerlo listo.

SI ERES UNA MARCA: una vez abras una cuenta en una plataforma social no puedes dejar de hacer publicaciones para poder mantenerte en el *top of mind* de la comunidad que tiene esa red. Por eso una vez decides abrir una cuenta debes tener un plan de contenidos anual con un plan estratégico de tres a seis meses. Porque si no hay constancia, no hay manera de sobresalir, sobre todo con los algoritmos actuales que están enfocados en el *watch time*, que es el tiempo de retención de audiencia que tú logras con tus videos.

Teniendo en cuenta el plan de contenidos que encontraste en la página anterior, revisa que cada red tenga su día de la semana asignado y presencia en todas las plataformas con la variedad de formatos que creaste. También puedes añadirle pestañas al cronograma de publicaciones y agregar días de preproducción, grabación y postproducción.

Instagram: (Escribir aquí el día asignado de contenido).

YouTube:

Facebook:

Twitter:

TikTok:

10. Espíritu emprendedor. ¿Ves tu contenido como un negocio a largo plazo?

Muchos creadores de contenidos, sin llegar a ser mayores de edad, contaban con un alto reconocimiento, habían consolidado su marca personal y hacían de esto un negocio que en ese entonces no existía. Tener una visión de negocio es fundamental para poder proyectarse en el tiempo. Por eso es muy importante, si estás pensando en empezar a crear contenido, que hagas un presupuesto de cuánto vas a tener que invertir en el primer año, para que no te quedes sin gasolina a mitad de camino. Por lo general siempre existe un desfase entre el tiempo que transcurre a partir de que se crea el canal hasta que se posiciona y hasta que logra números competitivos para poder hacer negocio. En el presupuesto debes tener en cuenta gastos de producción y de promoción, pues alguien que quiera empezar un canal en estos días necesita buen contenido y *pay media*.

Una de las características de las nuevas generaciones es que se consideran a sí mismas personas con la mirada puesta en el futuro, capaces de crear y de desarrollar negocios propios, sostenibles, que los hagan realizarse personal y profesionalmente y que tengan el potencial de cambiar la sociedad a través de la innovación y la solidaridad con otros.[7] Por lo tanto, muchos han llevado sus negocios más allá de seguir creando videos o de simplemente conquistar otras plataformas; en cambio, han diversificado su manera de obtener ingresos creando productos que puedan trascender en el tiempo, ya sea a través de su propia marca o en alianza con una marca reconocida para crear una línea; en otros casos han apadrinado aplicaciones, han escrito libros y participan en eventos, logrando crear modelos de negocios que les permiten monetizar su trabajo 360.

Aquí también es interesante, al ver todos estos casos, que hagas un plan de negocios para que te pongas metas realizables en el tiempo que te permitan diversificar y obtener más ingresos.

---

7   Ortega Hermida, Camila Alicia "Millennials: ¿Emprendedores o empleados?" (Artículo en línea) disponible en: http://www.youngmarketing.co/millennials-empleados-o-emprendedores/#ixzz5lrW4YiHo

TEST RÁPIDO

- ¿Estás listo para trabajar 24/7? ¿Sí? ¿No?

- ¿Consigues lo que te propones?

- ¿Eres flexible?

- ¿Aprendes de tus errores?

- ¿Eres multidisciplinario?

- ¿Le encuentras soluciones a todo?

- ¿Quieres hacerlo todo?

- ¿Tienes un presupuesto del primer año?

- ¿Tienes un plan de negocios?

DESCRIPCIÓN					
Talento (si se necesita)					
Producción					
Post producción/ gráficas					
Paquete gráfico (Shows - Solo una vez)					
Stock footage license Paquete de imágenes (Si se necesita)					
Música					
Legal					
Maquillaje y peinado					
Vestuario					

Arte					

Locación					

Gastos de viaje					

Equipo técnico					

Promoción					

Total	
Costo de producción 10%	
Total	

A partir de estas respuestas es posible evaluar la visión de negocio de cada creador de contenidos y son la base para organizar un plan de contenido con propósito y con proyecciones para trabajar el posicionamiento y crecimiento de la marca y así poder triunfar en el mundo digital.

SI ERES UNA MARCA: Es importante que hagas un presupuesto de lo que te costará crear el contenido, si debes contratar una agencia o un equipo *in-house*, ya que como vimos an-
teriormente no es trabajo de una sola persona y al ver el plan
en general será más fácil hacer producciones costo-efectivas
que te permitan hacer creación de material con la constancia
necesaria para que las redes no luzcan estáticas.

Una vez revises estos diez puntos, es fundamental que sepas que
si vas a construir una carrera y un negocio digital, es importante
que en un punto consideres que vas a necesitar un equipo porque,
como has podido ver, además de todo el trabajo que ocasiona la
creación de contenido, hay otro trabajo de tiempo completo que
genera el negocio como tal y es claro que debes ser parte de
este, pero es necesario delegar y es muy importante ajustar un
cronograma. No hay nada más cierto que el refrán que dice que
si quieres llegar rápido, ve solo, y si quieres llegar lejos, ve acompañado. Y si te estás preguntando ¿cómo debería ser ese equipo?,
te lo enseño a continuación.

¿CUÁL ES LA ESTRUCTURA DE UN EQUIPO?

 MÁNAGER:

Es quien comparte tu visión y te ayuda a encontrar una estrategia para al-
canzarla. Esta persona debe tener muy buen conocimiento de la industria en la que quieres desarrollar tu carrera y posicionamiento en ella. De
esta manera te podrá diseñar un plan con las personas indicadas. También

debe estar involucrado en que todas las oportunidades que surjan se conviertan en pasos para lograr tus metas, y debe ser el líder de tu equipo.

Un mánager es tu mano derecha e izquierda, es como tu sombra. Debe saber cuáles son tus cualidades y debilidades para lograr protegerte; debe estar informado de todo lo que te pasa para poder ir un paso adelante y, en el momento de crisis, debe mostrarte el camino para poder defenderte y convertir algo negativo que sucedió en algo positivo. Muchas veces te dirá lo que no quieres escuchar, pero tú sabrás que cada cosa estará enfocada en tu bien y en pro de materializar los proyectos. Ojo. Ten presente que los mánagers siempre trabajan por un porcentaje de los negocios que logren, ese valor es alrededor del 20%. Cuando el mánager decide invertir en tu desarrollo artístico, debes negociar unos porcentajes diferentes, pero esto no significa que le debas ceder tu nombre.

RELACIONISTA PÚBLICO:

Es aquel que, una vez le das tu estrategia artística, sale en busca de los eventos, apariciones, entrevistas, portadas de revista y colaboraciones con los medios que más te convengan y que te ayuden a reforzar el perfil artístico que vas a posicionar. Por lo general, los relacionistas públicos trabajan por un pago mensual y velan por mantener tu imagen vigente y positiva, así como por promocionar tu trabajo.

AGENTE COMERCIAL:

Los agentes son los encargados de encontrar oportunidades comerciales, literarias, de nuevos negocios, etcétera. Su trabajo consiste en conseguir la mayor cantidad de acuerdos comerciales porque ganan comisiones sobre lo que venden. Por eso es tan importante que estas oportunidades sean revisadas por tu mánager. Ser precavido en esta parte del proceso será determinante porque recuerda que en los negocios se debe ser muy estratégico. La tarifa de un agente promedio es del 10%.

 ## NUEVOS NEGOCIOS:

Gracias al mundo digital el desarrollo de licencias o de nuevos negocios a partir de una marca es indispensable, por eso es muy importante tener a alguien que conozca a la perfección de la industria de las licencias, franquicias o *joint ventures* que permitan diversificar tu negocio. Por lo general, ellos trabajan por un porcentaje que está alrededor del 30% que se calcula por negocio.

 ## ABOGADO:

Debes contactar a una persona que pueda revisar los contratos, asegurarte que estás firmando lo que negociaste y que tenga pleno conocimiento de todos los términos legales para protegerte en caso de un incumplimiento. Ten en cuenta que, por lo general, los abogados trabajan por horas, pero es bueno que tengas un profesional de confianza con el que puedas acordar por contrato una tarifa fija mensual.

Gracias al surgimiento de este departamento en LatinWE, fuimos capaces de contar con los equipos necesarios para trabajar con estos chicos que, al ser tan jóvenes, necesitaban un desarrollo artístico formal. Fue por esto que la experiencia de la compañía fue esencial para convertir a estos creadores de contenidos en celebridades digitales.

Gracias a nuestra experiencia y al revisar los diez pasos que consideramos imprescindibles para un creador de contenidos con proyección, realizamos unas reuniones con él para conocerlo un poco más y así poder identificar:

1 Si tiene la confianza en hacer equipo y cuál es su nivel de compromiso.

2 Si puede salir de su zona de confort.

3 Si tiene la visión de construir una marca personal a largo plazo.

4 Cuál es su capacidad de multiplataforma.

5 Su responsabilidad.

De esa manera podemos establecer el potencial de crecimiento que tiene y si tiene la visión, la constancia, la disciplina y la perseverancia para alcanzar sus objetivos. Creo que construir un equipo sólido es mucho más difícil para un creador de contenidos que para un actor porque, si bien el actor o el músico sabe desde un comienzo lo que necesita, los creadores de esta primera ola lo hicieron todo ellos solitos, por eso les costaba mucho delegar funciones como revisar su correos, llevar sus negociaciones y confiarle el futuro de su carrera a alguien, sin embargo, los que lo hicieron han podido ver una diferencia en cómo su marca personal ha ido expandiéndose en diferentes mercados y plataformas, y han logrado emprender una carrera con las bases que tuvieron.

CAPÍTULO TRES
¿CÓMO TRANSFORMAR TU SUEÑO EN EL NEGOCIO DE TU VIDA?

"Por lo general, cuando un creador logra llegar a ser un creador top tiene aproximadamente cinco años para establecer una carrera, consolidarse como emprendedor o ambas".

💲 ¿Cómo monetizar los contenidos?

Este tema es uno de los más fascinantes para cualquier persona cuando piensa que se puede vivir de hacer contenido para plataformas digitales, y es por esto que la primera pregunta que nos hacen es ¿cuánto se gana? ¿Se vive de esto? Mi respuesta siempre es: así como el chef vive de su pasión por cocinar o el pintor de hacer sus obras de pintura, uno puede vivir de ser un creador de contenido, pero necesita mucha pasión, disciplina, constancia, responsabilidad, pero sobre todo estrategia, para lograrlo, así como lo vimos en el capítulo de lo que necesitas para crear una marca con éxito.

Aunque las redes sociales son plataformas de libre acceso para la persona que quiere convertirse en un creador, la comunidad cada día es más y más exigente, lo que hace que sea un reto más grande poder construir una comunidad y también hace muy difícil a los creadores que existen que se mantengan vigentes, por eso desde un principio, para no vivir una guerra con el tiempo en las plataformas, deben saber utilizarlas como medios y no como fin y entender que en cada decisión que tomen debe ser estratégica, basada en la data proporcionada de las estadísticas. Porque en digital NO habrá éxito sin estrategia.

Por lo general, cuando un creador logra llegar a ser un creador top, tiene aproximadamente cinco años para establecer una carrera, consolidarse como emprendedor o ambas. Es de la única manera que podrá sobrevivir y mantenerse vigente luego de que pase el Hot Pick que puede vivir cuando está en crecimiento, que es cuando obtiene números asombrosos como tasa de *engagement* de 10% a 20%, que luego se disminuyen entre 3% a 10%, y para los que quedan por fuera de este mercado digital son los que bajan del 2%, que es el promedio de la industria.

Desde que en LatinWE decidimos abrir el departamento de *management* digital, sabíamos que debía ser un departamento que pudiese operar 360, y el departamento debería tener todos los conocimientos que tenía la compañía. Por eso desde un principio todas las cabezas de departamento (*management*, comercial, licencias, relaciones públicas y producción) fueron muy importantes para elaborar un plan de acción con base en una oportunidad de construir un negocio y no solo un numero de likes, así pudimos ver las diferentes maneras de monetización que un creador de contenido podría tener y construir una estrategia a largo plazo. Esta visión de compañía que lleva más de veinticinco años nos hizo ir un paso adelante y preocuparnos por el desarrollo del talento para construir un negocio a largo plazo.

¿Conoces a tu comunidad?

La cultura nativa digital se centra en el consumidor (*consumer-centric*), por tanto es muy importante conocer tu comunidad si quieres crecerla, crear *engagement*, fidelizarla y optimizarla. Las compañías que lideran el mercado actual como Amazon, Uber, AirBnB y Netflix son un gran ejemplo de un origen creando una cultura basada en conocer los clientes gracias a su análisis de data para establecer estrategias de optimización, generándole una experiencia al usuario basada en sus gustos que termina logrando una gran fidelización del usuario.

Para esto las redes sociales no han sido la excepción y es por esto que una de las principales herramientas de las redes son sus *analytics*, que te dan la información básica de los usuarios como género, edad, país. Hoy en día, gracias a IA (inteligencia artificial), existen plataformas con estas herramientas que te permiten consolidar todas tus audiencias y obtener información mucho más detallada, que posibilitan no solo conocer quién es tu audiencia, sino sus comportamientos, gustos e intereses más personales, como lo son Icono Square, Social Bakers, Key Hole. Esto hará posible tener *insights* más detallados de tu audiencia para crear una estrategia de crecimiento y optimización más acertada. Si el creador no tiene acceso a estas plataformas, es importante analizar muy bien los *analytics* que le dan las plataformas directamente, ya que sirven para que pueda reconocer cómo de comporta su audiencia con respecto a su contenido. Esto es clave para dar la batalla en un mundo digital tan competitivo como el que tenemos.

En nuestro caso, nosotros tenemos una alianza con AR Solutions, una de las compañías hispanas más importantes de *Digital Business Management*, que nos permite utilizar herramientas de alto nivel para optimizar nuestras campañas y enfocarnos en cumplir los objetivos planteados y así evitar ser esclavos de los números; investigamos muy bien nuestras audiencias para llegarles con un plan estratégico de crecimiento a largo plazo.

Los puntos básicos que debes saber de tu comunidad:

¿Quién te ve?
Edades: cuáles son los dos rangos de edad donde tienes mayor impacto.
Género: porcentaje de audiencia femenina y masculina.

¿Dónde te ve?
Territorio: en qué países y ciudades está presente tu comunidad.
Dispositivo: desde qué aparato electrónico te ven. Si consume contenido desde el celular o desde el computador.

¿Cuáles son sus gustos?
¿Qué gustos comparten? Es decir, las afinidades.

Comportamiento *online*
Después de que te ve, ¿qué otras páginas visita?

Definir tu comunidad, los mercados importantes y descubrir cuáles pueden ser sub-comunidades potenciales, te servirá para que al momento de crear tus videos sepas a quién irán dirigidos y así lograr mayor impacto, que es lo que hoy en día llamamos "optimización". Este trabajo ya lo realizan automáticamente algunas compañías que cuentan con el uso de la inteligencia artificial y es la herramienta que se está convirtiendo en tendencia de las industrias, ya que su información permite sacarle provecho a las comunidades que han construido.

El ABC del negocio digital

Para empezar una estrategia de monetización es importante familiarizarte con unos términos que serán clave en las diferentes vertientes de negocio que vayas a desarrollar.

Términos

Algoritmo: es el responsable de cifrar toda la información que ponemos en Internet mientras navegamos. En las redes sociales son esas fórmulas secretas que utilizan para darle relevancia a tu contenido dentro de la plataforma y que cada cierto tiempo generan grandes crisis entre los creadores y a veces anunciantes, y están constituidos por ciertos parámetros que van cambiando con el tiempo. En los inicios se basaba en el alcance, y hoy en día se basa más en el *watch time* o tiempo de permanencia. Los resultados que arroja un algoritmo son determinantes ya que a partir de ellos el creador puede tener más visibilidad, acceso a herramientas VIP y, por supuesto, monetización.

***Reach* o alcance:** se refiere al número de usuarios que ven las publicaciones.

Impresiones: corresponde al número de veces que tu contenido se ha podido visualizar en tu *timeline*.

Engagement: es la interacción de los usuarios con tu contenido, que no solamente sean espectadores del contenido, sino que también compartan y comenten las publicaciones.

Retención de audiencia (*watch time*): es la duración media de la reproducción de tu contenido. Esta métrica es clave en este momento porque todas las plataformas digitales están basando la prioridad del algoritmo en relación con este dato.

Interacción: las acciones que hicieron los usuarios al consumir los contenidos, es decir, la participación de usuarios (clics, comentarios, correos, conversión).

Conversión: es cuando ocurre una venta, movimiento de tráfico o se cumplen los objetivos planteados en la estrategia.

CTR *Click Through Rate*: el número de clics que obtiene un enlace o anuncio de acuerdo al número de impresiones.

CPC *Cost Per click*: el costo que se paga por cada clic de usuario en un anuncio.

CPA *Cost Per Action*: el costo que se paga por acción.

Word of mouth: es una recomendación que se presenta en un grupo muy pequeño donde hay una relación de credibilidad muy alta.

Branded content: es la práctica del marketing que crea contenido financiado por una marca.

Tasa de conversión: es el número de conversiones dividido por el número de visitantes. Si es comprar o clic en un link.

ROI: retorno de la inversión. Permite evaluar la eficiencia de la inversión según se van cumpliendo los objetivos planteados.

MCN - **Network multicanal o** *multi-channel network*: son proveedores de servicios externos que se asocian con varios canales de YouTube para brindarles servicios de aumento de público, programación de contenidos, colaboración con otros creadores, administración de derechos digitales, monetización, ventas, privacidad, entre otros. En otras palabras, administran tu canal y monetizan tu contenido por un porcentaje de los ingresos que obtienes.

CPM – Costo por mil: es una medida utilizada en el mundo digital para la publicidad y corresponde al costo del anuncio por cada mil impresiones. En las redes sociales, YouTube es la que lleva más tiempo trabajando un modelo de negocio basado en el CPM, el cual varía mucho de acuerdo al lugar desde el que se esté generando la vista y al algoritmo que esté trabajando. Facebook fue otro que se sumó a este tipo de monetización pero hace tan solo unos años.

$$CPM = \frac{Costo\ Total}{Visualizaciones/1000} =$$

Con estos términos claros podrás entender el lenguaje más usado para las estrategias de monetización y venta de un canal.

ⓢ ¿Cómo se monetiza?

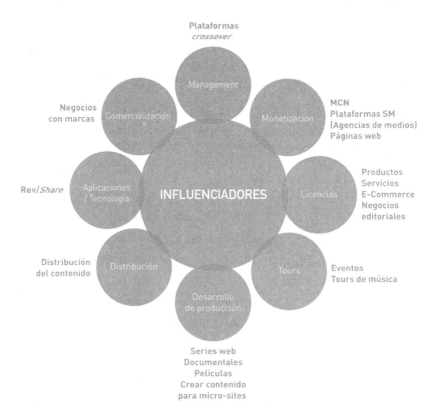

Oportunidades de negocio
Potencial de monetización de influenciadores

Una vez se tienen claras las oportunidades de monetización, como muestra el recuadro anterior, es más fácil ver el panorama completo y así poder armar una estrategia de monetización.

Monetización de redes por CPM

Algunas redes sociales permiten monetizar tu contenido basado en las vistas, más conocido como CPM, o costo por mil. YouTube fue pionero en este tema, luego lo siguió Facebook, YouNow y ahora parece que en un futuro próximo Instagram también lo implementará.

¿Cómo monetizar en YouTube?

YouTube es la segunda plataforma de videos más grande a nivel mundial y más antigua, lleva quince años en el mercado, cuenta con más de dos mil millones de usuarios en cien países y en ochenta idiomas. Además, cuenta con mil millones de horas de reproducción diarias. Es la plataforma que ha desarrollado una monetización para los creadores más estable desde 2007, esta se basa en el CPM (Costo por mil) y, aunque en la actualidad muchos creadores pueden monetizar directamente con la plataforma, en sus inicios se debía hacer a través de MCN. Siempre su porcentaje de monetización con el creador es 55% creador o MCN y 45% YouTube.

Este es el negocio de monetización que tiene YouTube y para ser parte de este programa es necesario tener los siguientes requisitos:

- Disponibilidad del programa de socios de YouTube en tu país.[8]

- Debes tener más de 4.000 horas de reproducción en los últimos doce meses.

- Debes tener más de 10.000 suscriptores.

---

8 Disponible en: https://support.google.com/youtube/answer/72851

- Debes crear contenido que satisfaga las políticas del "Programa de socios" de YouTube.

- Debes haber vinculado una cuenta de AdSense aprobada.

Estos requisitos están vigentes desde enero de 2018, luego de haber pasado varias crisis con anunciantes que encontraron que sus comerciales estaban siendo puestos en canales que no tenían un contenido seguro y luego del gran escándalo del creador Logan Paul, por lo que Google decidió endurecer sus políticas para tener más parámetros a la hora de permitir monetizar a un creador. Por eso, una vez cuentas con los requisitos, debes aplicar para la aprobación de tu canal. El estudio de ellos no tiene un tiempo definido porque hay algunos retrasos desde sus inicios, lo único que te garantizan es que en cualquier momento recibirás una notificación en tu correo diciendo si fuiste aceptado o no.

Para nosotros como compañía de *management* fue muy claro que para poder crear un negocio sostenible era imprescindible enfocarnos en hacer un contenido cuidado y de calidad, para así podernos enfocar en el *branded content* y no depender de la monetización de YouTube, ya que ese tipo de ingresos son más estables, el creador es autónomo, no tiene intermediarios y son mucho más rentables que depender de un algoritmo que cambia constantemente.

Además, siempre vimos que la monetización a través del CPM no era tan rentable y para las agencias que hacen compra de medios es mejor comprar con las plataformas directamente que con las agencias o los creadores. En sí la compra por CPM es un negocio que reduce mucho el ciclo de vida del creador, porque tan pronto como empieza a estandarizarse un poco su impacto ese ingreso empieza a decrecer. El lema que damos a nuestros creadores a la hora de acercarnos a un tipo de plataforma que monetiza basándose en el CPM es "las plataformas no puede vivir sin creadores, pero los creadores sí pueden vivir sin ellos".

Uno de los ejemplos más importantes en este tipo de negocio fue el que hicimos con Sebastián Villalobos y el MCN Maker Studios, hoy en día conocido como Disney Network. El modelo de negocio que implementamos con Sebas fue uno de los dos casos de ese tipo que se han realizado en la región (sin incluir Brasil), e iba más allá de la administración de su canal, sino que apuntaba a expandirlo. Esa fue la puerta que nos abrió su participación en la serie de Disney *Soy Luna* y unas cuantas alianzas comerciales y de producción. Este tipo de negociaciones se veían más en el mercado americano con PewDiePie y Maker Studios, Logan Paul, Lili Syng con Studio 71, el Network Beyond de Endemol con Michelle Phan, entre otros.

Con el tiempo, los networks han ido perdiendo fuerza. De hecho, el 33% de los creadores top de la actualidad no están bajo ningún MCN, sino que crearon sus propios MNC más *boutique,* como por ejemplo Los Polinesios y German Garmendia; o se asociaron entre varios creadores para hacer el suyo propio, como Shot Studios y Team 10. Hoy en día los networks que se mantienen son aquellos que expandieron sus negocios hacia la creación de contenidos, giras, *merchandising*, algo similar a lo que hicimos nosotros, Fullscreen, Disney Network, Machima, AwesomenessTv, BroadbandTv, Studio 71. Y cada vez salen más nuevos, tratando de ofrecer servicios a los creadores que marcan la diferencia, sin embargo, cada vez hay más creadores que prefieren trabajar por sí solos.

¿Cómo mejorar tu alcance en YouTube de manera orgánica?

1 Postea constantemente al menos una vez a la semana.

2 Analiza tu audiencia y ponte objetivos claros de rendimiento. Ten presente, si es necesario, tener un plan de promoción dentro de la plataforma.

3 *Watch time*: analiza la retención de audiencia. Entre más logres mantener a la audiencia en tu video mejor serán los resultados.

4 Interacción en tus videos: cuanto más tu audiencia interactúe con tu video en menor cantidad de tiempo, más te recomendará el algoritmo dentro de la plataforma, dándote más exposición a nuevas audiencias.

5 Uso de *thumbnails* llamativos que generaren mucho CTR.

6 Uso de títulos y *key words* llamativos pero que no generen *clickbait* (Es decir, generar titulares falsos y llamativos para generar vistas).

7 No usar material como música o imágenes de lo que no tengas derecho.

¿Cómo monetizar en Facebook?

Es la plataforma de videos más grande en el ámbito mundial y cuenta con más de dos mil millones de usuarios activos al mes. Fue creada en 2004 como red privada y fue hasta 2006 que cualquier persona mayor de trece años pudo tener acceso a ella en más de cien países. Siempre había tenido su monetización centralizada para el desarrollo y el impulso de nuevas herramientas con grupos selectos de creadores y desde sus inicios no había desarrollado ninguna herramienta de monetización propia, lo que ocasionó que se desarrollaran varios networks de blogs y contenidos virales que generaron un modelo de monetización informal dentro de la plataforma, donde los creadores ganaban por CPC (costo por clic) o CPA (pago por acción) generados en los artículos que compartían. Sin embargo, este tipo de monetización fue un arma de doble filo para la plataforma ya que, para tener más tracción con la audiencia, estos sitios de contenidos empezaron a crear muchos artículos con *clickbait*, y noticias falsas, lo que trajo una pérdida de credibilidad para los anunciantes y creadores de la plataforma. Por esta razón, en 2018 Facebook quiso implementar su primera herramienta de monetización llamada Audience Network con la cual busca a creadores *brand safe*, quienes tienen total responsabilidad con sus contenidos, los cuales transmiten siempre un mensaje positivo, para que cumplan una serie de requisitos para que ellos puedan vender anuncios en los videos que serán programados por el mismo creador, sin que esto afecte la experiencia del usuario a la hora de ver el contenido. Su porcentaje de monetización es 50% para el creador y 50% para Facebook.

Los parámetros para implementar esta dinámica son muy sencillos. Solo es necesario:

1 Tener una página de fans de Facebook.

2 Que el programa esté disponible en el país en el que está registrada la página.

3 Que la página tenga más de diez mil seguidores.

4 Alcanzar, durante sesenta días consecutivos, 30.000 reproducciones de un minuto en videos que tengan una duración mayor a tres minutos, como mínimo.

5 Que el contenido de la página sea *brand safe* y que cumpla con las políticas de contenido de Facebook.

Estos parámetros pueden tener cambios, ya que las plataformas están actualizando su funcionamiento constantemente, pero pueden consultar la información más reciente en: https://www.facebook.com/help/publisher/monetization-eligibility. Adicional a esto, Facebook también les da libertad de liderar los negocios de *branded content* individualmente, sin embargo, es importante tener presente que en los últimos años Facebook ha dejado de ser una de las plataformas más queridas por los jóvenes y pasó a convertirse en una plataforma dirigida a un público más adulto. Esto lo confirman estudios recientes.[9]

---

9   "Teens, Social Media and Technology 2018". (Artículo en línea) disponible en: http://www.pewinternet.org/2018/05/31/teens-social-media-technology-2018/

¿Cómo mejorar tu alcance en Facebook de manera orgánica?

1. Publicar videos nativos en Facebook de más de tres minutos de duración de manera constante (al menos una vez a la semana).

2. Realiza *lives*. Al menos uno a la semana.

3. Postea regularmente. Para esto utiliza todas las herramientas que tienes para crear contenido, *stories*, fotos, video, estado, grupos, etcétera.

4. No utilices *clickbait* y utiliza temáticas más humanas y universales con las que la audiencia se sienta identificada y se interese por compartir. El *share* es una herramienta que el algoritmo de Facebook agradece y por ende da exposición.

5. Incentiva a tu audiencia a participar, ya sea creando posts que generen interacción o creando grupos de discusión con tu comunidad. También invita a tus grupos de amigos o familia a participar.

6. Elige algunos posteos orgánicos en Facebook a los que les sumes un poco de presupuesto de promoción.

¿Cómo monetizar Instagram?

Instagram es una de las redes más jóvenes y hasta el 2019 tuvo un crecimiento acelerado. En el último año ha sido más pausado, pero continúa siendo una de las redes favoritas. Es la más aspiracional de todas las redes, los *feeds* siempre son de alta calidad y de mayor producción y las *stories* y los *lives* para compartir momentos del día a día son importantes para los creadores. Además, muestra ser una de las plataformas más organizadas para el momento digital y lo que se viene, ya que tiene la herramienta de venta directa, herramienta de *e-commerce* que sin lugar a duda empezará a aparecer muy pronto en otras plataformas.

Se filtró que su programa de monetización será para IGTV, sin embargo, desde las cuentas oficiales de las plataformas de Facebook es que continúan explorando el modelo y apenas tengan algo seguro harán el anuncio. Por lo tanto, sigue liderando el de *branded content* con las marcas, es decir, cada creador tiene autonomía de hacer posteos individuales con sus patrocinadores. En el último año se consolidó como una de las plataformas más usadas por las marcas y se dice que un 93% de las campañas con creadores se desarrollaron por esta red, según un artículo reciente de Tubefilter.[10] También se rumora que con IGTV muy pronto desarrollarán un sistema de monetización como el de las demás plataformas.

¿Cómo mejorar tu alcance en Instagram de manera orgánica?

1. Postear a menudo, mínimo una vez al día en el *feed* y en *stories* con contenido original (tres a cuatro *stories* al día usando las herramientas que promuevan la participación de la audiencia).

---

10   "Insights: Six Marketing Trends Facing Influencers in 2019". (Artículo en línea) disponible en: https://www.tubefilter.com/2019/01/03/top-influencer-marketing-trends-2019-insights/

2. Postear video al menos una vez a la semana. En el 2018 el consumo de video en Instagram aumentó en un 80% y sigue en aumento.

3. Invita a tu comunidad a que encienda tus notificaciones de posteo.

4. Haz un *live* mínimo una vez cada dos semanas y cuando lo hagas postea inmediatamente después de terminarlo.

5. Invita a tu audiencia a interactuar con tus posts.

6. Haz posts creativos y de calidad. Instagram es una de las redes más aspiracionales y con una estética muy superior, por tanto, debes hacer posts que vayan a la altura de la aplicación.

7. Crea grupos de sub-comunidades para promover algunos de tus post.

Monetización en Twitter

Desde el 2016 Twitter pasó de ser una fábrica de tweets a una plataforma multimedia, cuando lanzó su programa de Twitter Amplify, que le permitió generar ingresos a través de anuncios que se reproducen antes de sus videos en la red social. Esto funcionaba con un porcentaje de 70% para el creador y 30% para la plataforma. Actualmente funciona únicamente en Estados Unidos y está disponible para unos pocos creadores en Latinoamérica. También ofrece una plataforma de marketing de influenciadores propia que se llama *Niche* como parte de su plataforma de creadores, pero también lo hace con un selecto grupo de creadores. Por tanto, la mayoría de ingresos en la región viene de *branded content* o plataformas de marketing que venden posteos patrocinados.

¿Cómo mejorar tu alcance en Twitter de manera orgánica?

1. Postea constantemente y utiliza la red para dar anuncios y hablar de tendencias.

2. Usa todas las herramientas que tiene para compartir contenido (poll, gifs, video).

3. Interactúa con tu audiencia en tiempo real, esto es algo que valora mucho la comunidad de Twitter porque es bastante activa.

4. Utiliza los posts más populares para generar temas de conversación.

¿Cómo monetizar por TikTok?

Conocida como Musical.ly hasta el 2017, TikTok se ha posicionado como la plataforma de las nuevas generaciones y en el último año ha ganado gran popularidad, con más de 500 millones de usuarios. Los contenidos de TikTok duran entre quince segundos a máximo un minuto y su contenido son videos cortos con pistas musicales de la aplicación o del usuario, retos o doblajes de voz. Para abrir una cuenta debes ser mayor de dieciséis años y para monetizarla, mayor de dieciocho. Tiene un programa muy reservado de Tiktokers, como se les conoce a sus estrellas, para poder recibir regalos que compran con sus seguidores con dinero y que ellos luego pueden reclamar, y la otra manera es a través de ventas directas con las marcas o *branded content*. Lo positivo es que la marca entrega información muy atractiva para las marcas y por eso muchas de ellas están queriendo trabajar, de la mano de la plataforma, campañas con diferentes creadores.

¿Cómo mejorar tu alcance en TikTok de manera orgánica?

1. Postea diariamente.

2. Además de los contenidos musicales que hagas, intenta crear un formato diferente que marque la diferencia.

3. Invita a interactuar con la audiencia en tus posts y por DM.

4. Utiliza # para atraer nueva audiencia.

Influencer marketing (plataformas de marketing o posteos patrocinados)

Por lo general, en la industria de los creadores, el *influencer marketing* se desarrolla a través de plataformas que conectan influencers de diferentes sectores de la música, la actuación, el deporte con los líderes de opinión y las marcas para promocionar productos o servicios, de una manera organizada. Sin embargo, si no tienes una estrategia clara pueden resultar siendo armas de doble filo que pueden traer muchos negocios regularmente al comienzo, pero conforme pasa el tiempo empezarán a disminuir notoriamente hasta quedar reducidos a un influencer que recibe producto por intercambio.

Estas plataformas sí las llamo de "influencers", ya que tienen creadores, músicos, celebridades y líderes de opinión registrados dentro de la plataforma, con un perfil que proporciona información de contacto, estadísticas de audiencias de sus diferentes redes y un valor pre-negociado entre la plataforma o una oferta que ellos ponen y el creador debe aceptar. Por lo general, son campañas de uno a tres posteos, y sí tienen un pedido constante porque la idea de ellos es promover diversidad de productos. Mi consejo con estas plataformas es que las uses bajo tu estrategia, pensando siempre que debes exigirles un modelo de negocio que te beneficie a ti y no al contrario, porque corres el riesgo de terminar desgastando a tu comunidad por convertir tu perfil en un infomercial, y todos sabemos que la audiencia de digital está mucho más informada y que si bien no rechaza el *branded content,* sí le genera conflicto la publicidad que se ve reforzada.

Por eso para nosotros la monetización por CPM o venta de posteos no es la que prima y la visión que tenemos de redes es que son nuestra principal herramienta de promoción, ya que si nos enfocáramos solo en vivir de la monetización del contenido sería un negocio de corto alcance y muy poco rentable, porque, como sabemos, nuestros mercados en Latinoamérica pagan los CPM más bajos; en todos, a excepción de Brasil, se pagan por debajo de un dólar, mientras que en Estados Unidos hay CPM de hasta treinta dólares.

Cómo conquistar otras plataformas (*crossover plataforms*)

Uno de los retos más difíciles para los creadores fue entender que debían ser multiplataforma, ya que era la mejor manera para poder construir y consolidar su marca personal. De hecho, al comienzo, muchos se negaban a ir a la televisión o a ser portada de revistas porque sentían —y aún hoy sienten— que son unos medios opuestos a los que ellos son. Sin embargo, los que han sabido aprovechar estos medios como promoción han podido darse cuenta de que a la final los ayuda a conectar con una nueva audiencia que no los conocía y que, aunque puede que no les vaya a representar un crecimiento masivo entre sus seguidores, sí les va a permitir un reconocimiento a nivel de la industria que les ayudará, por ejemplo, a acercarse a los ejecutivos de marcas, padres de su audiencia y grandes productoras para poder conectar con nuevos negocios.

Adicional a esto, lograr presupuestos que compensarán los tiempos de trabajo que se necesitan en las producciones versus lo que ellos ganan por día de trabajo llevó a crear modelos de contrato en los que se mezclaba su valor como talento, que por lo general están dentro de unos estándares de la industria de la televisión, pero adicional un presupuesto de marketing y así lograr un negocio equivalente al tiempo que deberían dedicar a estos proyectos.

Aunque la sinergia de youtubers en televisión costó mucho, porque hace cinco años eran totalmente opuestos, pues el *storytelling*, los tiempos de producción, etcétera, eran muy diferentes y las audiencias de cada uno eran muy distintas, con el tiempo esa brecha se ha ido cerrando, a medida que los canales tradicionales se transforman, convirtiéndose o generándole contenido a plataformas como Netflix y Amazon que tienen contenidos con *storytelling* más cercanos a la nueva audiencia para generar más interés, sobre todo en cadenas de cable que van dirigidas a las audiencias jóvenes como MTV, con uno de sus formatos más fuertes multiplataforma que son los MTV MIAW y los KCA "Kids' Choice Awards" de Nickelodeon. Los youtubers pioneros en estar en televisión fueron Werever Crew, Caeli, Bully, Roger González, Sebastián Villalobos, Juan Pablo Jaramillo, Paisavlogs, Sebastián Arango, Juana Martínez y Julián Serrano. Fue muy difícil para ellos ganarse un lugar porque se batalló bastante para encontrar el punto medio del *crossover* perfecto, además del reto del presupuesto, pero en la actualidad ya se logró encontrar y hoy muchos gozan de esta nueva ventana de obtener ingresos y posicionamiento.

Las licencias

Los creadores de contenidos que finalmente logran posicionarse se convierten en *trendsetters*, o creadores de tendencias. Cuentan ya con una gran credibilidad de su audiencia y, gracias a su contenido, se han logrado constituir como una marca personal. De esta manera, es mucho más corto el camino para llegar a desarrollar productos y a crear licencias. Este es uno de los potenciales más rentables si se hacen de la manera adecuada, y constituyen un negocio a largo plazo.

Sin embargo, en la era digital muchas compañías quisieron implementar un modelo de negocio rápido y efectivo para que los creadores de contenidos sacaran camisetas, pocillos, forros de celular y algunos otros elementos básicos con algún diseño del creador, algo sencillo pero que se pudiera elaborar rápidamente a bajo costo y para poder ofrecer mercancía que se vendiera masivamente. Este era un negocio que en sus inicios funcionó mucho en Estados Unidos con creadores como Shane Dawson, Tyler Oakley, entre otros, y en la actualidad con las tiendas virtuales de Amazon.

En Latinoamérica esta evolución ha sido más complicada ya que gran parte de la población no tiene acceso a una tarjeta de crédito, o les da miedo usarla en Internet por los fraudes que se han presentado. Además, los sistemas de mensajería y envíos aún no logran satisfacer en un 100% los mercados de la región, lo que ocasiona que las ventas *online* sean limitadas y se necesite tener un distribuidor para garantizar la venta. La consecuencia de esto en la región es que no se ha podido establecer un negocio rentable ni escalable, y sobreviven muy pocos de este tipo.

Los pocos que han podido vender colecciones exitosas han tenido que lanzar al mercado pequeñas colecciones de temporada a través de tiendas pop up, que se exhiben dentro de un evento puntual solo por un tiempo determinado y/o una ocasión especial. En este tipo de espacios, creadores como Los Polinesios y Luisito Comunica han lanzado sus productos en medio de sus propios shows. El sistema que intenta buscarle una solución a esta oportunidad es Mercado Libre, sin embargo no empezó hace mucho tiempo a resolverlo y por eso aún no tenemos algo más sólido de ventas *online*.

Al día de hoy son muy pocos los que sí han podido crear líneas de producto sólidas, como Paula con su línea de maquillaje. Paula by Pautips, que además de contar con ventas *online* tiene distribución en muchas tiendas físicas en México y Colombia y en un futuro muy cercano se expandirá en toda la región; Acapella Store, de Zurita; y Bailando juntos, de Yuya. Todos estos productos se consiguen en puntos de venta físicos y es donde está la mayor parte de venta aún.

Paula by Pautips fue una marca que nació hace muchos años, pero hace tan solo tres se organizaron las primeras reuniones para su desarrollo. Tomamos el camino más largo, pero el que nos aseguraba que esta iba ser una marca que venía a quedarse en el mercado y que iba a competir con marcas posicionadas de la industria de la belleza. Y así fue: en su primer mes de lanzamiento fue una de las marcas más pedidas en los canales en los que se vende, y eso para nosotros fue el resultado de un trabajo exhaustivo de Paula que se dedicó a encontrar las mejores fórmulas de excelente calidad que tuvieran un precio alcanzable por su consumidor.

Muchas veces la gente no sabe valorar el proceso de elaboración de un producto, el empaque, los impuestos, el transporte, los costos de publicidad y por eso, en algunos casos, sacrifican la calidad. Por eso admiro mucho la bandera de Paula, que primero pensó en la calidad del producto antes que en un empaque vistoso y ha sido muy emocionante ver cómo la gente cuando compra el producto se fideliza por la buena calidad. Ahora en nuestros planes sigue la expansión a toda la región.

El objetivo con cada marca es posicionarse y expandirse a la mayor cantidad de mercados posibles. Por eso el mejor consejo que pueden recibir los creadores que quieren empezar a desarrollar un producto es que primero piensen en que el consumidor (sus seguidores) debe recibir el mejor producto al menor precio posible; y que este debe ser un producto realmente útil para que se justifique la inversión. Hay creadores que en un momento de popularidad sacan lo que sea y lo van a vender, pero es algo efímero que termina siendo un producto de una sola compra. Pensar en grande y a largo plazo se traduce en la capacidad de desarrollar productos que puedan escalarse, y que el producto sea tan bueno que hasta alguien que no es seguidor lo quiera comprar. Eso requiere de mucha paciencia, de mucha investigación, de poder encontrar los aliados correctos para sacar un producto que perdure en el tiempo.

Para nosotros estaba claro que primero debíamos posicionar a los creadores en la industria y en los mercados para darles una imagen muy sólida. Al mismo tiempo hemos estado explorando con ellos el tipo de productos deberían comercializar, porque lo que a la final nos importa es que sea un producto de gran calidad y que tenga su propio sello. En licencias es clave la cocreación. Sus audiencias tienen una conexión tan única con ellos que los conocen perfectamente bien y saben cada palabra que han mencionado.

Por eso es tan importante que el resultado sea un gran producto que vaya de la mano de todo lo que los creadores son. Así, cuando el creador lo anuncie, nos aseguramos de que se convierta en un *best seller* rápidamente, como sucedió con la marca de Paula, que superó el 30% de las metas de venta que teníamos.

Un desarrollo de producto puede tomar de un año y medio a tres años, todo depende de su complejidad y de las fórmulas o los componentes que necesite para su realización. Cuando se crea un producto hay muchas variantes que hacen que este proceso sea una montaña rusa, porque en la creación se debe tener presente la calidad, el precio, el empaque, la distribución y la publicidad, por lo tanto hay que tener en cuenta muchos factores para poder tener el mejor producto final a un precio razonable. Esto es súper estresante para los creadores porque son tan perfeccionistas, que quieren tener el empaque más divino, con el mejor producto, pero en la mayoría de los casos esta combinación resulta en productos muy costosos que, conociendo el poder adquisitivo del mercado de la región, serían muy difíciles de vender.

Cuando se quiere empezar en el mundo de las licencias hay un paso que acorta un poco el proceso y es unirse a una marca que tenga un reconocimiento y de esta manera realizar un producto bajo el nombre del creador. En ese caso mi consejo es sacar un buen producto, pero lo más importante es que el creador participe en la creación y el desarrollo en lugar de que sea solo un producto con su nombre. Buenos ejemplos son el champú de Yuya con Unilever, o los cuadernos de Sebastián Villalobos con una editorial, los cuales sus seguidores sí sentían que tenían la visión del creador.

Para nosotros, un paso importante en el mundo de las licencias fue el de la publicación de libros, porque fue de la mano de una editorial con toda la experiencia y con puntos de venta. Además, no hay nada más personal que escribir un libro con la voz y con el gusto del creador. Uno de los pioneros en publicar un libro en Colombia fue Juan Pablo Jaramillo y el día de su lanzamiento llegaron más de 3.000 personas a la Feria Internacional del Libro de Bogotá. Era la primera vez que algo así se presentaba, y obviamente al siguiente día acaparamos titulares en donde nos definían como personajes que fuimos "a crear caos en la Feria", porque no se trataba de autores con una trayectoria literaria respetable. Siempre les quise responder que hoy somos causantes de que varias personas que compraron el libro se hayan interesado por la lectura, porque a muchas les pasa que una vez encuentran el libro que les gusta, desarrollan el interés y el gusto por la lectura. Durante estos cinco años hemos trabajado en alrededor de ocho libros, y todos fueron *best sellers*. Creo que lo seguiremos haciendo, siempre pensando en que la escritura es un medio muy respetable y es la plataforma perfecta para compartir un conocimiento, inspirar o tener una buena historia de ficción, y con el objetivo de enamorar a la lectura a las comunidades de los creadores, ya que consideramos que es una gran herramienta para la educación y el entretenimiento, algo muy afín a las plataformas digitales.

En cuanto a la monetización, se trata de un proyecto a largo plazo, pues crear una marca desde cero al inicio necesita de mucha inversión para hacer un buen producto y posicionarla. Usualmente tomará de dos a tres años para que la marca se posicione y dé los frutos económicos que esperas. Existe una amplia variedad de modelos de negocios como, por ejemplo, que asumas el 100% de la inversión o que consigas a alguien a quien le otorgues la licencia y desarrolles en conjunto un modelo de negocio que se ajuste a las necesidades de las dos partes.

Las aplicaciones y los *revenue shares* (*Rev Shares* o ganancias compartidas)

Debido a que los contenidos están tan ligados a las plataformas tecnológicas en las que se desarrollan, muchas veces estas plataformas buscan a ciertos creadores para que generen contenidos en su app y que esto les lleve tráfico. La manera de trabajar estos negocios es muy similar a la de las licencias donde el creador recibe un garantizado y un valor por cada suscriptor o persona que lleve. El reto más grande que tienen estos tipos de negocios es que las plataformas estén preparadas para el gran tráfico que un creador puede llevar al momento de promocionarla. Cuando una app no está preparada, causa un gran malestar en la audiencia, que pierde el interés en ellos inmediatamente. Así, la app pierde la posibilidad de regresar a pedirle una segunda oportunidad, porque en digital prima la experiencia.

Uno de los casos más exitosos en el crecimiento de una *app* gracias al tráfico de los creadores latinos fue YouNow, una aplicación de *livestreaming* que alcanzó a sacar sus propias estrellas —YouNowers— y tuvo un crecimiento muy acelerado. El problema que tuvieron fue que, una vez llegaron a la cúspide de usuarios, se estancaron porque no pudieron amplificar la forma de crear contenidos, y la audiencia siempre estaba pidiendo variaciones de contenidos de consumo. Esto también les pasó a otras importantes aplicaciones como Music.ly y Snapchat, que mueren en los intentos de diversificación de sus plataformas.

Estos modelos de monetización son muy buenos para los creadores porque es movilizar audiencias, la clave aquí es evaluar muy bien que la plataforma y *app* sí tengan un buen funcionamiento para que la comunidad de ellos cuando vaya a explorarlo tenga una buena experiencia de usuario.

Desarrollo de contenidos y distribución

Como su nombre lo indica, estos chicos son creadores y con su creatividad lograron llamar la atención de millones de seguidores que hoy los siguen en sus redes o a donde vayan, por eso es muy interesante ver lo que ocurre cuando sientas a estos chicos con libretistas o directores muy abiertos al tema de reinventarse y logran desarrollar en conjunto nuevos formatos que combinan la frescura de estos jóvenes con la estructura y la experiencia que tienen estos grandes de la industria. En estos últimos años hicimos varios talleres de cocreación liderados por Mari Urdaneta, quién lidera el equipo de desarrollo, y al día de hoy tenemos cuatro proyectos muy interesantes en este rubro: el show de Paula Galindo "Tu mejor versión", que ya tuvo una primera temporada muy exitosa y esperamos que muy pronto llegue una nueva. También la película de Mario Ruiz, que está en desarrollo con Juan Camilo Pinzón, uno de los directores hispanos más importantes del mercado; el desarrollo de la serie de Calle y Poché basada en su *best seller, Sí, si es contigo* y el reality de Sebastián Villalobos del que esperamos tener noticias muy pronto.

Una vez que todos estos contenidos se producen a un presupuesto costo-efectivo —como se trabaja hoy en día producción—, se pueden distribuir en plataformas de cable, OTT, SVOD o en cualquier otra, siempre y cuando paguen una licencia para poder presentar ese contenido. Los modelos de negocio por lo general son un pago como talento al creador, pero también porcentaje en las ganancias por las ventas y distribución de por vida.

 Las giras

El poder de convocatoria que tienen los creadores siempre mostraba que uno de los caminos de monetización más obvio era hacer giras, pero siempre estuvimos convencidos —junto a nuestros creadores— que no se trataba simplemente de pararse a improvisar en un escenario, sino de preparar una experiencia muy especial para la audiencia, como ha sucedido con las giras o *tours* de Magcon, Unicorn Island y el Slumber Party de Tyler Oakley.

Como lo he repetido tantas veces, para nosotros prima la experiencia del consumidor que paga, entonces, nuestro objetivo es siempre llevarle el mejor show que lo haga pasar las mejores horas de su vida. De modo que, para el desarrollo de estas giras, nos hemos tomado el tiempo de no participar en ciertos shows hasta que estos no cumplan los estándares de calidad y de atención al usuario que queremos ofrecer. Por esta razón, hemos hecho participaciones muy puntuales en el Club Media Fest, que es una de las giras que más se ha mantenido en Latam y que hoy busca cómo reinventarse, sin embargo, lo más cercano que he visto en Latinoamérica, que es el ejemplo de lo que debe ser de una gira, es la gira que los polinesios hicieron en México.

Para nosotros una gira integra muchos aspectos como la presentación, la producción, la promoción, la seguridad y los lugares en los que se organiza el evento, y es necesario trabajar cada caso individualmente, para que cada creador se siente a desarrollar con un gran productor su propio show. Estamos desarrollando varios shows que esperamos anunciar pronto.

Hay diferentes maneras de monetizar este tipo de giras, una es que el creador monte su show y tenga un presupuesto de cuánto le cuesta armarlo, luego contemple sus costos por uso de imagen y promoción y así venda su presentación completa por un valor específico, y puede hacer paquetes adicionales para ofrecer de *meet and greet* o días de trabajo ya sea para gira de medios o creación de contenido para promocionar el festival, que se sabe se cotizan independiente, y otro modelo de negocio muy usual ya en las giras boutique de creadores es ser socios de su proyecto, recibir su salario de talento y productor creativo y luego ganar porcentaje de las ganancias.

Crowdfunding (multitud y financiación)

Es una red de financiación colectiva, normalmente *online*, que a través de donaciones económicas consigue financiar ideas o causas sociales; en lugar que el dinero lo pongan un par de inversores, es recaudado por pequeñas aportaciones de personas. Este concepto surgió precisamente de Internet y las redes sociales. En el 2012 consiguió mover más de 2.700 millones de dólares y lograron desarrollar con éxito un millón de proyectos, y año tras año han venido doblado sus resultados.

En la actualidad hay muchos portales dedicados a ser el intermediario para exponer tu idea o causa y están especializados en áreas como la música, el cine, videojuegos, proyectos sociales, para lanzar compañías, desarrollar *gadgets*, entre otros. Los más populares son Kickstarter e Indiegogo, en el caso de una visión altruista GoFundme ha liderado esta parte. Sin embargo, las redes sociales también han demostrado que, además de ser una gran herramienta de comunicación de estas campañas, pueden operar como plataformas con este fin. El gran ejemplo para esto es el #IceBucketChallenge de la asociación ALS Association (ALSA), que a traves de Facebook logró diez billones de vistas y 440 millones de personas, y recaudó 112 millones de dólares en donaciones en el verano de 2013, en solo seis semanas, demostrando el poder de movilizar la comunidad digital.

En el uso de las celebridades digitales se ha utilizado más la parte altruista que la de conseguir financiación para proyectos, por ejemplo Jérôme Jarre, que ha recaudado en varias ocasiones millones de dólares para ayudar a países como Somalia y a grupos no favorecidos como los rohinyá. Otros ejemplos son Tyler Oakley, cuando apoyó The Trevor Project para celebrar su cumpleaños número veinticinco y recaudó más de medio millón de dólares ofreciéndoles a los donantes participar por una cena con él. También PewDiePie recogió casi 450.000 dólares para una organización de agua potable. Connor Franta recaudó 230.000 dólares para apoyar una fundación para el agua limpia para gente en Suazilandia en África y la recompensa era tomarse un café con él.

En este ámbito hay mucho por explorar, es una industria que empieza a crecer y una de las verticales que se ve más fuerte es la financiación de películas o series que permitirá llevar a cabo ideas que algunos creadores tengan. Hasta el día de hoy la película de *crowdfunding* que más ha recaudado es *Veronica Mars* en el 2013, que ya supera los cinco millones de dólares y fue hecha por los fans de ella. Por eso se proyecta como una manera de financiación de proyectos de creadores en el futuro.

Y, por último, hablaremos de la monetización que se obtiene a través del trabajo con marcas, ya que es uno de los rubros donde el creador obtiene la mayor parte de sus ingresos y la que le va a permitir construir un negocio a largo plazo si lo hace de la manera adecuada.

La importancia de la credibilidad

CAPÍTULO CUATRO
EL TRABAJO
CON LAS MARCAS

⊘ La importancia de la credibilidad

Las marcas han jugado un papel fundamental en el desarrollo de la industria digital, pues básicamente su inversión en *branded content* es el que ha permitido que los creadores hayan podido vivir de su trabajo de creación de contenido.

En el desarrollo de campañas con creadores de contenidos han existido muchas modalidades, entre las cuales prevalecen dos tipos: los creadores que quieren convertirse en celebridades digitales y formar una carrera, y los que se convierten en amplificadores de contenido, es decir, los que simplemente amplifican un mensaje con un alto alcance pero que no logran impactar a su audiencia, ya que se la pasan difundiendo mensajes comerciales y por esa razón pierden credibilidad frente a su audiencia y no logran formar una comunidad. Por lo general son fuertes solo en una red social y hoy en día, gracias a Instagram, son conocidos como microinfluenciadores y nanoinfluenciadores.

Creadores de contenido influencers		
Celebridades digitales	Micro/nano influenciadores	Amplificadores de contenido
Credibilidad	Credibilidad en un tema nicho	Consulta
Confianza de *word of mouth*	Confianza de ese tema nicho	Contenido entretenido
Inspiran	Respeto	Amigos
Multi-plataforma	Una sola red	Una sola plataforma
Comunidad	Comunidad local o de nicho	Seguidores
Crean y posicionan tendencias	Expertos en el tema	Siguen las tendencias
Engagement 3X hasta 16K	Alto *engagement*	*Engagement* variable
Retroalimentación	Retroalimentación	Escasa retroalimentación

Siempre que empiezo a trabajar con un creador de contenidos mi primera pregunta es: ¿estás dispuesto a esperar a que tus redes estén listas para monetizar? ¿O eres de los que se empieza a "vender" desde los primeros mil seguidores? Porque cuando llegue el momento en el que se puedan "vender", ya habrán trabajado con tantas marcas que ninguna querrá apostar por su trabajo. Por eso a todos les digo que esta industria necesita ser estratégica y que, si uno quiere jugar, debe prepararse y debe saber cuándo es el momento para salir al campo de juego.

Este ha sido uno de los principales diferenciadores de los creadores con los que trabajamos, a quienes solo bastó explicarles una vez cuál era la dinámica del negocio. Ellos rápidamente entendieron que para trabajar con una marca no solo había que evaluar lo cool que podría ser, o los ingresos que podría traer, sino que en realidad les gustara y que de verdad representara una relación positiva a largo plazo, por eso había que considerar el tiempo de duración, ¿qué tanto le iba a sumar? ¿Qué acciones se deberían desarrollar? ¿Qué experiencia iba a tener la audiencia? ¿Qué tanta reiteración? Y ¿qué tan serias eran las intenciones de la marca con ello? Los que hoy en día han trazado un camino exitoso fueron quienes en su momento lo entendieron, lo aceptaron y hoy en día disfrutan de haber formado una carrera coherente.

El éxito de las campañas que hemos trabajado de manera continua durante los últimos cinco años ha sido el de los clientes que le han apostado a nuestra visión de trabajar en campañas integrales con creadores, y han entendido lo importante que resulta la cocreación a la hora de trabajar con una celebridad digital, ya que como *trendsetter* es quien mejor conoce a la audiencia y cómo comunicar lo que la marca le quiere exponer.

Por eso siempre que empezamos a trabajar con una marca, creamos un proceso de trabajo que nos permita tener resultados exitosos y mantener relaciones a largo plazo, ya que buscamos que todos ganemos y detallamos un proceso que nos ha permitido cocrear campañas muy exitosas.

Lo que debe tener en cuanta un creador de contenido cuando recibe una oportunidad.

1. **Evaluar si le gusta la marca, el producto o servicio.**
   Es importante conocer todo sobre el producto, su historia, cómo funciona, de qué está hecho y adicional a esto conocer la filosofía y los valores de marca. Así puedes tomar una decisión más honesta de si es algo que tú sí usarías y estarías dispuesto a recomendar. Recuerda que el valor más importante es la credibilidad, por tanto, debemos ser muy honestos a la hora de trabajar con una marca.

2. **Evaluar el costo de la oportunidad.**
    Es necesario evaluar, ¿cuál es la categoría? (Hogar,
    cuidado del pelo, cuidado de la piel, maquillaje,
    ropa, accesorios, industria automotriz, tecnología,
    infantil, bebidas alicoradas, inmobiliario, etcétera).
    Una vez trabajas con una marca, sus competido-
    res que están bajo la misma categoría las otras
    marcas te valoran como si fueras exclusivo, así la
    marca con la que está trabajando no te lo pida, por
    eso antes de aceptar una oferta debes estudiar la
    inversión que hay en el mercado de esa catego-
    ría para poder determinar si el valor que te están
    dando está bajo los estándares del mercado. En la
    mayoría de las categorías, cuando trabajas con una
    marca competidora, el *cool off period* o periodo de
    enfriamiento para las demás marcas es de dos a
    cinco años, por lo cual es importante asegurar que
    la colaboración valga la pena. También, hay cate-
    gorías que son menos frágiles, como la del cine y
    la música, a diferencia de categorías como la de
    cuidado personal o la de carros, que son extrema-
    damente cuidadosas.
    También es importante evaluar que esa categoría
    vaya alineada a lo que es tu audiencia y no que trai-
    ga consecuencias negativas para ellos, porque una
    mala decisión para tu audiencia podría tener un
    costo muy alto, por ejemplo, si tu audiencia es ju-
    venil y no es mayor de edad, no te metas con cosas
    de licor o sexo, porque en un comienzo te pueden
    hacer una gran oferta, pero luego esa oferta te va a
    ocasionar que otros negocios que van alineados con
    tu audiencia no se den.

También hay ciertas marcas que es bueno trabajar por estrategia, te pueden ayudar en tu camino a lo que quieres lograr, en otras palabras, son marcas que van alineadas al posicionamiento que quieres tener y te pueden ayudar.

3. **Evaluar qué tan seria es la relación que quiere la marca contigo.**

   Para esto es importante estudiar un poco la marca y ver qué otras relaciones con creadores ha tenido en el pasado y qué tan largas y positivas han sido. Siempre trata de definir muy bien con ellos el término de la campaña, es decir, por cuánto tiempo sería esa primera campaña. Por lo general debe ser mínimo de tres meses y puede ir hasta los dos años. Recuerda que las relaciones a corto plazo no son beneficiosas para ninguna de las dos partes y lo ideal es trabajar campañas exitosas que se extiendan en el tiempo.

4. **Evaluar las acciones, el número de acciones y el tiempo de uso.**

   Revisa con la marca qué espera de ti. ¿Cuántos posts y en qué redes? Muchas veces las marcas tienen planes que no encajan con tu manera de hacer los posteos y de cómo los diversificas, entonces son temas que se deben hablar desde el comienzo para poder evaluar si es viable que puedan trabajar juntos. El número de acciones y reiteración en el tiempo son claves para el éxito de una campaña y entender lo que la marca quiere hacer te dejará saber si es algo que está alienado contigo.

Lo que debe ver una marca antes de empezar la relación con un creador:

1. **Estudiar los perfiles de los creadores y ver todos sus videos.**

   Así como es importante estudiar sus *analytics* y entender que la audiencia de ellos está alineada a tu público objetivo, también es necesario conocer la historia del creador. La ventaja de los creadores es que todo lo que hacen queda marcado en un historial y, para no llevarse sorpresas, es bueno ver cómo han manejado sus relaciones laborales con las marcas con las que han trabajado para no llevarse sorpresas. Entender que tienen un mensaje positivo en sus videos, que tienen un espíritu de construir y no de destruir. Además, poder identificar si es un influencer aspiracional o de contenido para que cuando crees la estrategia puedas saber qué actividades son las que debes hacer. Las marcas son responsables de hacer la investigación exhaustiva para que en realidad el creador que eligen como embajador los represente como marca.

2. **Evaluar que su alcance y *engagement* sean coherentes.**

   Al evaluar sus perfiles de redes sociales se puede ver el promedio de alcance y comentarios que tiene y compararlos con el tiempo en que los genera; esto es clave para ver si tiene una comunidad activa con *engagement* o te permite descubrir si hay seguidores comprados. Además, se puede evaluar los comentarios qué tan positivos o negativos son. Esto te permitirá saber qué tan real es lo que te están vendiendo y garantiza que puedas obtener los resultados que esperas.

3. **Evaluar que no esté sobrevendido.**
Muchas veces hay amplificadores de contenido que se quieren hacer pasar por celebridades digitales mostrando grandes alcances, pero con resultados muy bajos porque no hay interés de la audiencia por sus posteos. Por lo general, esto se debe a una pérdida de credibilidad por una sobreexposición de productos en su *timeline*, que terminan pareciendo *timelines* de infomerciales.

4. **Evaluar qué tan alineado es su contenido para el mensaje que quieres comunicar.**
Un creador de contenido, además de ser creativo para crear su contenido, ha logrado convertir sus redes sociales y sus canales en medios de comunicación que tienen un formato y una forma visual y de comunicación muy coherente, el cual es conocido y aceptado por sus seguidores, por lo que es muy importante que antes de querer trabajar con ellos la marca lo haya revisado, lo entienda y sienta que sí va con sus líneas de comunicación marcadas en sus manuales. Ya que como cualquier medio de comunicación, no es posible que el creador de contenido lo cambie por una marca, ya que los resultados pueden ser muy negativos. Las colaboraciones entre marcas son positivas cuando realmente son dos marcas que comparten valores entre sí y esto se puede ver reflejado en la colaboración.

5. Aceptar el reto de sacar a la luz sus valores de marca e identidad.

Uno de los grandes retos hoy en día es que las nuevas audiencias no compran productos, compran marcas que tengan un propósito o tengan interés de cuidar el planeta o que sean inclusivas más allá de solo vender productos. Por tanto, es muy importante dar ese primer caso de dar a conocer ese lado que nadie conocía, porque eso genera empatía con la audiencia y va a permitir tener una relación más orgánica con los valores del creador.

Una vez encontramos que ambos perfiles son óptimos para trabajar es cuando vamos al siguiente paso que es la cocreación y es la garantía del éxito en las campañas; nosotros logramos instaurar este proceso que nos ha hecho más fácil todo el camino.

1. ¿Cuál es el objetivo principal de la campaña?

Es muy importante que los creadores siempre le exijan un brief a la marca y que tengan muy claros cuáles son los objetivos que deben alcanzar. En mis inicios, trabajaba en campañas cuya misión principal era la de informar y dar a conocer al público una marca o un producto, pero luego el cliente (la marca) me decía: "No, los resultados son muy malos porque no se hizo venta". Esto siempre sucedía porque teníamos dos objetivos totalmente distintos y por eso no se llegaba a los resultados esperados. Por eso recalco tanto esta parte, porque es necesario que por un lado la marca sea muy clara en lo que quiere lograr y, por el otro, el creador sea ser lo suficientemente honesto para decirle si es realizable o no. Creo que como estamos en un mercado que cambia rápidamente, es muy fácil querer que todo surja inmediatamente. Lo que yo siempre les digo a los clientes es: "Una relación de cuatro *tweets* no hace milagros".

El proceso natural de una primera relación entre un creador y una marca empieza por un proceso de *awareness*. Es decir, darles el tiempo a las audiencias de entender que hay una relación y luego ya pueden buscar estrategias más enfocadas a la conversión que en otras palabras es el incremento de ventas y el fin último es la fidelización.

Es importante tener en cuenta que un *awareness* mínimo se toma por lo menos de dos a tres meses con acciones en diferentes redes y diferentes experiencias *online* y *offline* y mucha reiteración del mensaje. Es un trabajo que se debe hacer muy planificado para poder lograr a la final los resultados que ambas partes esperan; y digo ambas partes porque no hay nada más gratificante para un creador de contenidos que ser parte de una campaña exitosa.

2. ¿Qué ideas tiene el creador?

Durante el intercambio de información con el creador se deben compartir las ideas que permitirán lograr lo que la marca busca. En este momento es importante estar abierto a escuchar opciones nuevas. Hay algo que me llama la atención de este proceso y es que a veces a las marcas les cuesta mucho trabajo aceptar que una idea sencilla puede lograr grandes resultados. Pero, así como la marca lleva años entendiendo y trabajando su producto, los creadores llevan años creando una marca digital que se comunica de cierta manera y que hoy por hoy se constituye como un medio con una identidad propia; característica que, al no ser tenida en cuenta, puede impactar negativamente el éxito de una campaña.

3. La cocreación

Es la parte clave de este proceso y la que más importancia tiene en la actualidad. Una vez se discute lo que opina la marca sobre las ideas del creador —lo que le gusta y lo que no—, es importante propiciar un diálogo para ajustar las ideas y que así todo el mundo sienta que las acciones cumplen con sus intereses y objetivos, para que a partir de ahí se organicen las ideas y las acciones sobre las cuales vamos a trabajar.

4. Definir una estrategia

En digital no hay éxito si no hay una estrategia. Además, una de las cosas más interesantes que lo diferencian de los medios tradicionales, como la televisión, es que la estrategia se hace a la medida para cumplir con los objetivos planteados. Para esto es necesario, una vez se crea en conjunto la campaña, saber utilizar las redes que sean óptimas para la comunicación. Como sabes, cada red social tiene una manera específica de conectar con su audiencia y es muy importante saber —de acuerdo al ejecutivo de cuenta— cuál elegir y cómo se va a usar.

Comunicar de acuerdo a la plataforma

 En Facebook compartes videos útiles.

 En YouTube compartes una experiencia, un estilo de vida o enseñas algo.

 En Instagram muestras, mediante una foto o un video, una experiencia muy aspiracional de lo que estás diciendo.

En Twitter estableces una conversación directa con tus seguidores, te sirve para reiterar un mensaje que quieres posicionar, recordarlo, y te sirve para conocer rápidamente qué opinión tiene la audiencia sobre lo que estás haciendo.

 En *Stories* puedes reiterar un tema y hacerlo ver como parte de tu día a día. Te sirve como motor para activar campañas.

5. Cronograma de trabajo

Es muy importante plasmar la estrategia en un cronograma porque es el que nos permitirá revisar si tenemos el número suficiente de publicaciones, si en la época en que lanzamos esas publicaciones hay una temporada que debamos tener en cuenta, si estamos saturando una red o si estamos olvidando otra. El cronograma es importante tanto para la marca —para garantizar que su estrategia se va a llevar a cabo de la mejor forma—, como para el creador de contenido, que así tendrá el tiempo suficiente de desarrollar las piezas que necesita.

Al comienzo nos pasaba mucho que los clientes querían un video de YouTube para el día siguiente y era un lío hacerlos entender que un video se tomaba mínimo dos semanas para poder realizarlo: desde trabajar la idea creativa, tenerla aprobada, ir a grabarlo, editarlo, enviar el primer corte, hacer ajustes y entregarlo. Por lo tanto, el calendario es importante para las dos partes.

6. La retroalimentación

Las redes sociales nos permiten tener una retroalimentación inmediata de la audiencia. Entonces, cada vez que publicamos algo o hacemos alguna acción es importante ver la reacción en tiempo real de la audiencia para saber si hay que hacer ajustes en el camino y no perder ninguna oportunidad. Además, al final de la campaña, es importante analizar todos los datos arrojados y poder hallar nuevos aprendizajes para prevenir errores en campañas futuras.

Ejecutar campañas bajo esos parámetros permite que estas tengan un impacto orgánico de gran alcance y le brinden una gran experiencia a la audiencia, que es el punto clave de esta unión entre la marca y el creador. En 2014 involucramos a Mario Ruiz a una campaña de Hewlett Packard Colombia que terminó siendo parte de la estrategia global gracias a sus buenos resultados. En 2017, Sebastián Villalobos, Mario Ruiz, Juana Martínez y Juan Pablo Jaramillo hicieron parte de la campaña de Coca Cola Company más exitosa de los últimos quince años en la región, que fue presentada como ejemplo en el Primer Brandcast de YouTube en México, y la única diferencia con cualquier otra campaña del pasado fue que esta se desarrolló por medio de contenidos que interesaban tanto a la audiencia como a los creadores. Además, a sus seguidores les permitía vivir la experiencia de asistir a eventos con sus creadores favoritos. En 2016, Venus logró la campaña más exitosa de la compañía al trabajar en una estrategia con nuestros talentos, que siguen siendo sus embajadoras. En 2018, creamos con H&M una campaña de apertura que hoy es ejemplo en sus oficinas principales en Estocolmo, y esto fue una estrategia que fue más allá de organizar un evento de apertura, resultó en una creación de contenidos de dos meses, donde los creadores vivieron toda una experiencia con la marca hasta llegar a conectarse cara a cara con su audiencia el día del evento y ese día su audiencia realmente vivió una experiencia y luego pudo tener una pieza favorita de su creador. Es decir, fue una campaña que empezó en el mundo *online* pero terminó siendo una experiencia *offline*; esta es la estrategia de marketing que está liderando en los últimos años.

Por esto es tan importante establecerse primero como creador de contenidos y, cuando ya estés consolidado, construir una comunidad que esté comprometida, es decir, que puedas llevar contigo a todos lados, que te apoye, y eso solo es posible con unos canales de calidad en redes sociales, que sean divertidos y que entretengan. Porque si empiezas a vender desde el primer minuto en el que abres tu cuenta, correrás el riesgo de convertirte en un uno de los miles de influenciadores que no logran obtener credibilidad para fundar una comunidad y que no tendrá éxito.

Hoy en día cualquier campaña que se cree sin una visión clara de cómo atacar las emociones de la audiencia y cómo hacerles vivir una experiencia no tendrá el éxito, pues estamos en el apogeo de la *economía de la experiencia* que es donde las marcas venden sus productos a través de experiencias y memorias, y según un artículo del periódico Universal de México, se estima que esta industria alcance 8,2 billones de dólares a nivel global en el 2028.[11]

Las nuevas generaciones han ocasionado cambios fuertes no solo en la industria sino también en otros grupos generacionales

---

11 Durán, Luis. "La economía de la experiencia". (Artículo en línea) disponible en: https://www.eluniversal.com.mx/articulo/luis-duran/cartera/la-economia-de-la-experiencia

y hoy en día cada vez es más frecuente que además de un producto o un servicio busquen grandes experiencias, alta calidad en sus productos y sentir que comparten los valores de las marcas que consumen. Esto no ocurría en el pasado y es la razón por la que mostrar su filosofía más allá de sus productos se ha convertido en el gran reto para las marcas. Esta tendencia es ahora mucho más fuerte porque nos estamos desenvolviendo en unas plataformas que en el futuro más cercano serán plataformas de *e-commerce* y estarán listas para que en el momento que las personas están viviendo la experiencia, puedan comprar el producto sin pensarlo y sin salir del sitio en el que están. Como se dice: "La compra estará a un clic de distancia".

Una vez entendemos todas las posibilidades de monetización que existen, podemos ver las grandes oportunidades que tenemos y, al mismo tiempo, podemos ser más estratégicos en el desarrollo de las carreras y de las marcas personales, siguiendo el camino de las celebridades digitales que ya encabezan la lista de Forbes, como es el caso de Ryan's World, con una fortuna de veintidós millones de dólares, Jake Paul y SuperWoman, entre otros.[12]

Así que es muy importante definir qué tipo de creador quieres ser antes de empezar tu plan, porque no se nos puede olvidar que somos el resultado de nuestras decisiones. Todos tienen la posibilidad de trabajar por posicionarse como una celebridad digital, microinfluenciador o como un amplificador de contenidos, ambos caminos son válidos, lo único es que el segundo requiere muchos más retos y un ciclo de vida mucho más corto en el que es necesario tener un plan B de financiamiento para cuando deje de funcionar el A.

---

12 "Top 10 highest-paid YouTube stars of 2018, according to Forbes". (Artículo en línea) disponible en: https://www.cbsnews.com/news/top-10-highest-paid-youtube-stars-of-2018-forbes/

¿Recuerdas la gráfica que trabajamos en el capítulo anterior? Completa el cuadro contigo en el centro y visualízate como marca. ¿Cuáles de esos potenciales de negocio podrías desarrollar?, ¿de qué manera? Busca referentes, ejemplos de lo que te gustaría hacer o de las marcas en las que te gustaría trabajar. Busca qué hacen en medios sociales, cómo es su contenido y empieza a ver qué acciones necesitarías realizar para lograr tus propósitos. De esta forma empezarás a trazar un plan de acción que te permitirá trabajar tu desarrollo con una estrategia más clara.

Oportunidades de negocio

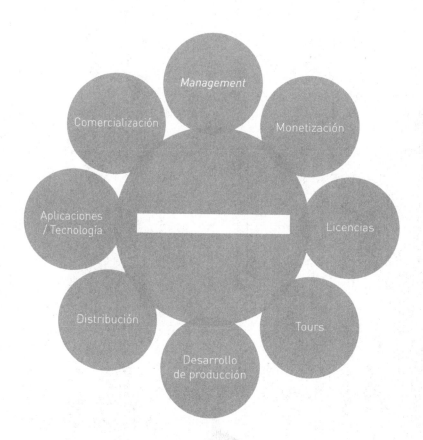

CAPÍTULO CINCO
MITOS Y REALIDADES DE LA INDUSTRIA DIGITAL

Como la industria digital está en pleno desarrollo, todos los que estamos en ella hemos tenido que ir aprendiendo sobre la marcha, por medio de conferencias, artículos y reuniones directas con los clientes. En estos escenarios he escuchado muchos mitos del mundo digital que no tienen nada que ver con la realidad y que quiero compartir en este libro porque se repiten tanto que la gente los toma como verdades, lo que resulta nocivo para el desarrollo de la industria.

 1. Las producciones son más baratas en digital.

Es totalmente falso. Este mito fue consecuencia de que inicialmente los creadores de contenido, por sus capacidades, empezaron a hacer videos ellos solitos, y efectuaban por sí mismos los trabajos del creativo, el guionista, el director, el productor, el editor, el director de arte y el encargado de vestuario, además de la promoción.

El costo del contenido depende del formato que se quiera producir, por tanto, hay que aterrizar la idea, crear un presupuesto y saber con qué equipos se quiere grabar. Si se tiene claro que se necesita un equipo de cámara, luces, audio, arte —al igual que en televisión—, se debe contar con que el alquiler de estos elementos y los honorarios del equipo humano siguen siendo los mismos para las dos plataformas.

El nivel de calidad en las plataformas hoy en día es mucho mayor. Hay gente grabando en 4k, con equipos profesionales, y el alquiler de una cámara que grabe en este formato vale igual que un día de grabación para una película de Netflix que para un video de YouTube. Ahora bien, como en toda la industria del entretenimiento, se debe buscar crear producciones costo-efectivas, pero eso no significa que digital sea más barato.

Costo-efectivo quiere decir que en uno o dos días de grabación puedes sacar de uno a dos meses de contenido, y así puedes economizar en renta de equipos o pago de servicios de producción. A mayor contenido que saques en un día, más economizas en el presupuesto. Ten en cuenta que un minuto de Internet promedio es de 1.000 dólares.

2. Un video tiene que ser corto para que sea exitoso.

Totalmente falso. En digital, el contenido dicta la duración del video, por tanto, hay cosas que uno estima que duren cinco minutos y terminan durando ocho; o, todo lo contrario, terminan durando tres minutos. Esto es un arma de doble filo para la gente que no entiende que en digital prima la experiencia del usuario, y para él no hay nada más molesto que algo dure menos de lo que esperaba. Un ejemplo es cuando creamos un video con creadores para alguna marca. Siempre la marca quiere que no dure más de tres minutos, pero en el canal de creador los videos tienen un promedio de diez minutos. Si acortan el video, la audiencia se pone brava, primero porque les están cambiando el formato al que están acostumbrados, y segundo porque sienten que cuando el video es con una marca debería durar más tiempo e incluir actividades que acerquen a los seguidores a sus ídolos. Otro gran ejemplo que demuestra que en la duración es el contenido el que manda es Netflix y series como *Black Mirror* o *13 Reasons Why*. Todas tienen diferente duración.

 ### 3. En digital la calidad no importa.

En mi experiencia ha sido lo contrario: la calidad importa y mucho. No he conocido personas más perfeccionistas que los creadores de contenidos que, si bien empezaron con las cámaras de sus computadores y/o celulares, hoy —gracias a que la tecnología de sus celulares ha evolucionado hasta tener cámaras con calidad profesional— ellos evolucionaron y llegan a manejar cámaras de mayor calidad como las Canon 5D o 7D o Sony. También se entrenaron para llevar su calidad a nivel de industria, por eso los creadores de contenido top tienen un Instagram que parece un catálogo de una revista de Condé Nast y siempre tienen grandes fotógrafos que quieren colaborar con ellos. Sus videos pueden ser vistos desde el celular —como lo hacen hoy los casi siete billones de personas que consumen contenidos por este dispositivo—, pero como tienen tan buena calidad pueden ser vistos desde cualquier *smart TV*. Entonces, cuando hablan que la calidad no importa, no sé qué contenido están consumiendo.

4. Usar microinfluenciadores es mejor que macroinfluenciadores.

En realidad, depende del objetivo que se tenga de la campaña usar el uno o el otro y, en general, siempre es bueno hacer una mezcla de los dos. Recientemente he notado que confunden mucho al microinfluenciador. Este es el influenciador de nicho, su *following* no es tan masivo, pero tiene mucha credibilidad en temas específicos, a diferencia del influenciador que se queda estancado en números, porque no logra un impacto tan alto y no genera *engagement*. Por lo tanto, no es un verdadero microinfluenciador, pero se vende como tal, por lo tanto, terminan siendo influenciadores muy caros para la campaña porque no tienen credibilidad en el tema que la marca está buscando ni tampoco impacto. Por eso hay que evaluar muy bien el perfil del influenciador cuando se va a trabajar con él.

 ## 5. Las colaboraciones se hacen por canje y no por pago.

Este es un grave error que he escuchado mil veces y mi explicación es que un creador de contenidos vive de esto: de ser el creativo, de sus contenidos, de producir ideas y de distribuirlas entre su audiencia. Al vivir de esto necesita que le paguen con dinero lo que vale su trabajo. De experiencias no se vive y el aporte que ellos hacen es importante si queremos conectar con sus comunidades.

Es un grave error invertir solo en las experiencias y no en el creador, porque el segundo es el 50% de la ecuación. Puede terminar siendo muy triste invertir en una gran experiencia y que esta no alcance el potencial de audiencia que pudo haber sido acompañada por una estrategia de publicaciones hechas por los creadores de contenidos.

Los creadores de contenidos son un medio que funciona para producir y distribuir mensajes. Como en cualquier medio, se debe pagar un valor por el simple hecho de tener una persona que esté trabajando para difundir cierto mensaje. Además, ellos tienen el valor agregado de la credibilidad ante una audiencia que los sigue. Los contenidos orgánicos, es decir, videos hechos de una manera real y espontánea, son precisamente esto y no tienen nada que ver con si son pagos o no. En este proceso es muy importante qué tanta disposición tiene una marca de cocrear con el creador.

 6. Se debe usar Instagram porque es la red que "está de moda".

Creo que hemos tenido el tiempo suficiente para ver que hoy una red social puede estar *hot*, pero en cuestión de segundos puede pasar a un segundo plano, como le pasó a Snapchat. Por eso es tan importante jugar con campañas multiplataforma y mantenerse vigente en todas las redes que se han posicionado y en las nuevas que empiezan a ganar popularidad, aunque eso genere mucho más trabajo, porque cada red tiene su forma de comunicar. Sin embargo, esa estrategia te ayudará si la red se va de cuesta abajo, como el caso de Vine, para prevenir que lo que construiste se vaya a la basura, perdiendo todo el trabajo realizado. También es un mito creer que Twitter ya no sirve, porque para enterarse de noticias, movilizar comunidades y tener conversaciones en tiempo real con la audiencia sigue siendo la red más utilizada.

 7. Para elegir al creador de contenidos hay que basarse en su alcance y no en su perfil.

Falso. Las marcas hoy en día tienen el reto de venderse a sí mismas. Además de sus productos o servicios, deben mostrar también sus valores para poder conectar con su audiencia. Por eso, cuando deciden trabajar con un creador de contenidos, es necesario que primero conozcan su perfil para así encontrar al creador indicado para la marca, de acuerdo a las sinergias de valores que se encuentren entre los dos. Una vez elegido, este se puede convertir en un embajador de la marca y puede surgir una colaboración y una cocreación de contenidos para conseguir una campaña exitosa.

En muchas ocasiones vemos marcas que utilizan creadores que no tienen nada que ver con su perfil y el grave error es que cuando esto sucede la campaña no genera resultados de éxito y quedan con el pensamiento que las campañas digitales no generan resultados. Recuerden que no es la cantidad de seguidores sino la calidad.

 8. Tener redes sociales convierte a la marca en medio.

Aunque las plataformas de redes sociales dan el poder a cualquier ser humano o marca de ser un medio, las marcas —al ser entes comerciales— no se pueden confundir queriendo ser un medio de comunicación, a no ser que lo desarrollen de manera independiente y no bajo su marca. Es muy difícil llegar a un evento y ver marcas que quieren usar la imagen de artistas en sus redes como si fueran un medio, simplemente porque pagaron un paquete de patrocinador del evento y sienten que tienen el uso de su imagen garantizada. Dado que la relación entre una figura pública y una marca establece un intercambio comercial por el uso de imagen de esa persona, es necesario que antes de hacer cualquier publicación la marca cuente con la autorización del artista.

9. Se pueden obtener muchas ventas por tweet o por post.

Si bien se ha demostrado que las campañas con objetivos y estrategias claras siempre resultan exitosas y pueden incrementar hasta la venta total de productos en tiempo record, siempre ha sido mi deber explicar que los creadores de contenidos no hacen milagros y que es necesario que las relaciones con las marcas inicien con un proceso de *awareness* en el que la marca se dé a conocer a través del influenciador y luego pasen a una experiencia que beneficie a la audiencia. Por eso es clave ser claros con los objetivos y establecer la estrategia correcta. Además, hay otros aspectos que se deben tener en cuenta a la hora de vender un producto: el precio, la buena calidad del producto y la facilidad de conseguirlo. En Latinoamérica es necesario tener puntos de ventas, porque aún la parte de compra *online* genera mucha desconfianza y, por ende, representa un muy bajo porcentaje.

 10. Los creadores de contenidos fueron exitosos de la noche a la mañana.

Los creadores de contenidos trabajaron por años poniendo todo su esfuerzo en algo que solo salió a la luz dos o tres años después de que empezaron a hacer su trabajo. Mientras los creadores de contenidos hispanos como Bully o Werever empezaron a publicar contenidos en 2007 y 2008, solo fue hasta 2012 que su impacto fue tangible, ya que movilizaban a millones de personas.

Cuando descubrimos a Werever, Yuya, Caeli, Juan Pablo Jaramillo, Sebastián Villalobos —que son de los youtuber más exitosos de nuestro mercado—, ellos ya habían trabajado cerca de cinco años en sus canales y contenido. El éxito no fue resultado de un

golpe de suerte o de un milagro, sino de un arduo trabajo de creación de contenido que les permitió construir su comunidad a nivel
global y que luego han venido fidelizando.

 ## 11. Es más efectivo el *paymedia*.

El *paymedia* es el marketing que las marcas utilizan para pagar
anuncios de televisión, de medios impresos, digitales y de patro-
cinios. Si bien en la era digital tenemos una explosión de contenidos, es clave quién es la persona o el medio que está hablando
de un tema. Es por eso que la credibilidad tiene un gran peso a
la hora de decidir si escuchar o tomar un consejo. En las celebridades digitales es común el fenómeno de *tipping point*: "Se trata
del momento clave en el que una moda, una idea, un producto o
un hecho de cualquier tipo pasa de ser algo de nicho o marginal a
convertirse en algo totalmente masivo".[13] Esto también se conoce
como el *word of mouth,* en otras palabras, esa recomendación
es tomada como la que te diría tu mejor amiga, tu hermana o tu
madre, por tanto, su influencia en la compra es mucho mayor que
si te la recomendara cualquier otra persona.

En este punto mi mejor consejo es hacer una estrategia integral,
donde se tenga a un grupo de creadores que representen la marca y el mensaje que se quiera dar, y complementarlo con un poco
de *paymedia* para amplificar el mensaje. Desde que entró la industria musical al mundo digital creó la necesidad de *paymedia*
ya que los números del alcance a los que han llegado los videos
musicales superan la capacidad de alcance de un video orgánico.

---

13 "¿Qué es Tipping Point?"(Artículo en línea) disponible en: https://neoattack.com/neowi-
ki/tipping-point/)

Y si decides hacer solo inversión de *paymedia* sin una cara conocida es mucho más costoso y va a quedar más difícil que una comunidad lo adopte como suyo, quedando como un contenido más
del mundo spam de contenidos que vivimos hoy en día.

 **12. Los contenidos de las plataformas sociales
son para las nuevas generaciones.**

Es falso. En la actualidad un 50% de la población utiliza las redes
sociales y esa cifra va en aumento, por eso es que hoy se dice que
digital es *mainstream*, porque cada vez gana más terreno y se ha
convertido en un pastel más grande en el cual crece la audiencia
de diferentes edades. Hoy en día hay más audiencias, desde niños hasta adultos como *gen X* o *baby boomers*, haciendo abriendo
un gran campo de posibilidades para creadores que se animen a
hacer contenidos a esta audiencia de nichos que a lo mejor tienen
menos alcance pero que sí tienen gran impacto en las personas
que a las que les llegan.

Un gran ejemplo de esto es ver a nuestros padres, y en algunos
casos abuelos, que ya tienen cuentas en redes sociales como Instagram o Twitter. Hace dos años no sabían de su existencia, pero
gracias a la importancia que han logrado, se hace indispensable
ser parte de ellas. Otro ejemplo es ver en los noticieros, cada vez
con más frecuencia, notas provenientes de las declaraciones de
un presidente o de una figura pública a través de sus cuentas de
redes sociales, o cómo para cubrir desde los eventos más importantes hasta las catástrofes más impresionantes, los periodistas
acuden a los videos publicados por las personas que están en
estos sitios para compartir las noticias. Hoy este aspecto se convierte en la gran oportunidad para que los creadores y los *players*
que quieran hacer parte de esta industria puedan posicionarse
dentro de nichos específicos de audiencia y así logren perma-

necer en el tiempo, ya que la diversificación del contenido es la que ayudará a que esta industria siga creciendo sobre todo su potencial. Creadores de este tipo son Juanpis González, Catalina Maya, con #BuenoBonitoYBarato, el astrólogo Alfonso León, Daniel Samper Ospina, Regina Carrot, Marce La Recicladora, Juan Hernández, de Make Up, María Laura Quintero con su proyecto artístico, las hermanas Carvajalino y el *speaker* internacional Daniel Habif.

 Y recuerda: eres un creador de contenidos, no un influenciador.

Tener esto claro marca toda la diferencia. Un creador de contenidos está enfocado en su pasión y no en convertirse en alguien famoso ni en el número de seguidores que conseguirá al publicar algo en sus redes. Esta creencia también se debe a que el desarrollo de la industria digital ha sido tan acelerado, que hemos tenido que ir aprendiendo sobre el camino y así, la mayoría (y aquí me incluyo) decidimos empezar a popularizar el término "influencer" o influenciador para referirnos a los creadores de contenido digitales. Hoy en día sabemos que primero hay que ser un creador de contenidos originales que logra cautivar a una audiencia con sus creaciones y se vuelve exitoso para recibir la enorme satisfacción de ser influyente en la audiencia, así como cualquier líder de opinión, músico, celebridad, político o periodista.

Cuando estoy en busca de nuevos contenidos, me fijo en que quien aparece detrás de la pantalla sea una persona auténtica y refleje tener una visión muy clara de quién es, de lo que quiere proyectar, y demuestre que lo que hace es simplemente por amor al arte. La pasión es definitiva porque se transmite a través de todas tus acciones de una manera natural que los demás perciben inmediatamente. Esa es la clave para que pueda llegar un equipo y crear una estrategia para amplificar ese trabajo que la persona está haciendo y así lograr posicionarlo y mantenerlo.

Es muy importante construir referentes de la industria, no para copiarse, sino para ver qué cosas les funcionan a ellos, los aciertos, los errores y así de esa manera poder trabajar en una propuesta innovadora. Por eso en el siguiente capítulo quiero compartirte el caso de éxito de los creadores con los que he trabajado. Estoy segura de que alguno de ellos te servirá de referente.

CAPÍTULO SEIS
CASOS DE ÉXITO
DE LOS CREADORES

SEBASTIÁN VILLALOBOS

"Lo imposible tarda
un poco más".

Sebastián es un joven que a los dieciséis años empezó a hacer videos para vencer el aburrimiento, sin saber que se iba a convertir en una de las celebridades multiplataforma más importantes del mundo del entretenimiento hispano, construyendo una comunidad global de más de treinta y cuatro millones de PDCs (significa "piezas del cubo" y son las siglas que identifican a la familia de seguidores de Sebastián). En ocho años de carrera logró hacer de su libro, *Youtuber School*, un *best seller* con más de treinta mil copias vendidas; fue el primer creador colombiano en salir en un Youtube Rewind en el 2016 y también el primer creador de contenido que actuó en una serie de Disney, *Soy Luna*, por dos temporadas. Este año está haciendo su segunda participación en Disney con la serie *Bia* y es el único talento en ser el conductor de los Kids' Choice Awards en la edición de Colombia y la de México consecutivamente. También ha sido presentador del primer original de NatGeo Latinoamérica para niños, con el show *NatGeo Lab*, que gracias a su éxito ya lleva dos temporadas. También participó como presentador del show con más *rating* en el segmento *prime time* (horario estelar) de la televisión hispana de los Estados Unidos, *Pequeños Gigantes*, e hizo parte de los eventos más importantes de la cadena como premios Juventud, Latin Grammy y premios Lo Nuestro, además de tener un cameo en la versión internacional de la película *Men in Black* de Sony Pictures. Es embajador de marcas como Sprite, T-Mobile, Mattel, Bubulubu, ha sido portada de cerca de doce revistas en toda la región y ha recibido más de diez premios que lo reconocen como uno de los más importantes en el ámbito digital: hombre del año GQ, ícono digital de MTV y youtuber favorito de los KCA (Kids' Choice Awards), además de importantes nominaciones, y hoy da los primeros pasos en la industria musical.

♕ Para Sebas el secreto de su éxito se debe a:

Yo creo que consiste en tener visión de todo lo que se vive diariamente, tener un propósito de por qué estás haciendo lo que haces y trabajar en equipo por cumplir esos sueños, y en el proceso encontrar sueños en conjunto. Al final de todo solo tienes que ponerle el toque de la disciplina. Una vez conoces lo que quieres hacer, el siguiente paso es prepararte todos los días para que cuando se dé la oportunidad puedas estar cien por ciento preparado para lograr eso que tanto sueñas y, sobre todo, nunca olvidar que hay que soñar con los pies en la tierra.

Si quieres empezar a crear contenidos, Sebas te aconseja:

- Proponer algo que no sea una copia de lo que ya existe, sino hacer cosas diferentes a las que hacen los que empezaron antes que tú. Obviamente los puedes tomar como referentes porque es muy importante tenerlos, pero siempre es bueno ponerle el sello creativo.

- Tener un equipo que sueñe contigo, que comparta tu misma visión y te ayude a forjar el camino para llegar al siguiente nivel.

- Rodearte de personas que tengan las mismas ganas que tú (o más ganas) de crear contenido, inspirarse los unos a los otros, apoyarse y crecer juntos en proceso. No es que sea un punto fundamental, pero si encuentras esas personas, todo va a ser más sencillo. En mi experiencia, haber contado con el apoyo de mis amigos hizo que todo fuera más divertido y más fácil.

- Apasionarte por lo que haces, darle un lugar a ese contenido que requiere tiempo, esfuerzo y creatividad. Aunque para los demás sea algo fácil o tonto, si tú lo haces con un propósito y con toda la disciplina, pasión y esfuerzo que requiere, muy seguramente verás las recompensas.

- Soñar y evolucionar todo el tiempo. A medida que crezcas, la calidad de tu contenido también debe ir creciendo y una vez empieces a conocer a tu público, empezarás a entender lo que ellos quieren ver y lo que tú quieres mostrar. Intenta generar un balance entre las dos cosas y ese es el secreto para que ambos estén felices. Y siempre debes darle un lugar muy especial a tu comunidad, que son esas personitas que siempre te van a apoyar en cada paso que des.

"Para mí Lina es una guerrera, es una persona a la que constantemente le dicen 'no, esto no se puede, no se va a lograr, me rindo'. Lina es sumamente persistente y aunque todo el mundo se rinda, ella es la única que sigue diciendo que es capaz de lograr algo. Solo por creer en nosotros".

PAUTIPS

"Tú eres tu mejor versión".

Una joven que mientras iniciaba su carrera y trabajaba en un servicio de atención al cliente en la búsqueda de aprender un nuevo idioma, descubrió YouTube y decidió dar el paso de convertirse en una creadora de contenidos para formar una comunidad empoderada, disciplinada y trabajadora para lograr sus metas. A sus ocho años de carrera cuenta con una comunidad de más de treinta millones de pautipers a nivel mundial, tiene su propia marca de maquillaje con la calidad y el trabajo de cualquier marca internacional, su propia serie de cambios de Look, *Tu mejor versión*, un *best seller* y una canción. El posicionamiento de sus contenidos y su conocimiento del mundo de la belleza la han convertido en la favorita de reconocidas marcas de esta industria, que la quieren para ser su voz hispana en las experiencias más importantes —como el Victoria's Secret Fashion Week de París y diferentes Fashion Week de toda la región—; por dos años consecutivos apareció en el YouTube Rewind y ha sido panelista invitada de las conferencias digitales más importantes a nivel mundial como VidCon, BeautyCon, GenBeauty, WeAllGrow y The Latinx House durante el festival de cine Sundance. Ha sido invitada a participar en los shows más importantes de E!, Telemundo, Caracol Televisión y Netflix. La calidad de su trabajo compartiendo su estilo de vida con su comunidad la ha llevado a recibir importantes nominaciones y premios internacionales como la mejor creadora internacional en los Streamy, los premios más importantes en la industria digital de USA; *styler of the year*, de MTV; youtuber femenina favorita en los KCA y mejor *lifestyle influencer* en los Eliot Awards. Para mí, su éxito se debe a la gran pasión que siente por el mundo de la belleza, su capacidad de reinventarse constantemente y, sobre todo, a la disciplina y dedicación con que desarrolla su trabajo.

Para Pautips el secreto de su éxito se debe a:

Para mí el secreto del éxito es tener un propósito, mantener un lado muy humano y comunicación con tu audiencia y lo más importante la constancia y disciplina. Es muy importante dedicarse a hacer lo que uno ama para que nunca se sienta como un trabajo y si toca dedicarle más tiempo y esfuerzo uno sabe que es porque hay una meta clara detrás. Entender que en el camino uno no está solo y debe dejar que otras personas te apoyen e incrementen tu nivel. El trabajo en equipo siempre será mucho mejor.

 Si quieres empezar a crear contenidos, Pautips te aconseja:

1. Enfocarse en un tema que te apasione.

2. Inspirarse en otras personas que lo hayan logrado, pero NO imitar a nadie. En redes es muy importante ser auténtico y resaltar con tu propia esencia.

3. Dedicarle tiempo, ser creativo, mirar lo que está pasando afuera, probar diferentes tipos de contenido.

4. Ser constante así no se vean resultados inmediatos; lo importante es disfrutar el camino y aprender con cada cosa buena o errada.

5. Tener una buena relación y comunicación con tu audiencia, entenderlos hará más fácil la creación de contenido.

"Yo admiro de Lina su cordura, su ética, su paciencia y amor por su trabajo, ella ha sido quien me ha ayudado a forjar mi carrera desde un principio, me conoció cuando apenas llevaba un año haciendo videos en YouTube y creyó en el proyecto de Pautips. Siempre ha sido más que una mánager, una muy buena amiga, una persona que sabe escuchar y dar los consejos en el momento indicado, admiro de ella su disciplina y constancia, ella trabaja 24/7, nunca la he escuchado quejarse, siempre tiene una opinión positiva para dar del resto y siempre nos trata con mucho amor como si fuéramos sus propios hijos, la quiero con todo mi corazón y estoy profundamente agradecida porque sé que sin ella no estaría en el punto en el que estoy ahora y espero que la vida nos traiga muchos más proyectos juntas".

CALLE
Y POCHÉ

"Que todo lo que hagas
lo hagas desde el amor".

Calle y Poché son la muestra que cuando se tiene una voz dentro de las plataformas puedes alcanzar cualquier récord, como vender más de dos mil ejemplares de su primer libro en menos de dos horas en una preventa, escribir una novela que en seis meses lleva seis ediciones, tener el *Roast Yourself* con la mayor cantidad de vistas de cualquier youtuber, lograr conquistar otras plataformas como Disney siendo invitadas a actuar en su serie *Bia* y los premios MTV MIAW, donde fueron las conductoras principales junto a Luis Gerardo Méndez, todo tan solo un año después de haber ganado como mejor influenciador revelación en los mismos premios. Este crecimiento acelerado fue gracias a su gran trabajo. En dos años han logrado construir una comunidad superior a los veinte millones de cachers y fueron reconocidas por los British LGBT Awards como las influencers LGBT globales gracias al gran apoyo de su comunidad. Además, han tenido más de seis portadas a nivel regional de las revistas juveniles más exitosas y se han ganado más de diez premios a nivel internacional.

 Para Calle y Poché el secreto de su éxito se debe a:

Poché: Primero, como siempre dice Lini, que desde el primer día ha dicho que hemos intentado ser una voz y no un eco, y no ser como una réplica de lo que ya existe, sino saber desde el inicio qué queremos comunicar y qué podemos decir desde nuestra plataforma, que sea novedoso, y no repetir lo que todo el mundo dice o hace.

Calle: Cuando hablamos de esto muchas personas dirán que es muy difícil traer una propuesta diferente porque ya todo existe y eso está clarísimo, pero siempre hay una forma de innovar con lo que ya existe, por ejemplo, si te gusta mucho un tema, una idea o lo que sea, inspirarte y transformarlo en algo muy tuyo, en algo que uno vaya a poder resaltar y hacerlo diferente así ya exista.

Poché: Sobre todo cuando uno se fortalece en esas cosas que lo definen a uno y lo hacen diferente a los demás, o que incluso uno a veces quiere cambiar porque se siente diferente al resto. Si engrandeces eso en estas plataformas, puedes encontrar tu voz y cuál es tu forma de comunicar.

El siguiente punto es no hacer contenido solo por hacer contenido, y no buscando fama, ni likes, ni números, sino pensando en cómo podemos generar algo positivo o inspirar a nuestra comunidad o a alguien que esté viendo un video nuestro, es decir, lo hacemos pensando en el contenido como algo muy preciado que hay que cuidar y que uno no hace solo buscando cosas materiales que pueda traer como por efecto secundario, sino que siempre la intención es generar algo positivo y construir.

Calle: No tiene que ser un video necesariamente inspirador porque muchos pueden pensar que si hacemos entretenimiento, esto debe ser un requisito. Y todo está en cómo tener muy claro el mensaje que quieres dar así sea un video de entretenimiento, así sea haciendo retos, cosas chistosas, pero cuidando el contenido y tratando de dejar tu sello. Digamos, tú ves un video de Calle y Poché y sabes que todo lo que se haga con amor y desde el amor va a estar bien, independientemente de lo que sea que sea el video.

Poché: Lo siguiente es trabajar muy duro. Es un trabajo en el que uno es su propio jefe y eso requiere más responsabilidad

porque quiere decir que si hoy no me levanto a hacer contenido, pensando en ser creativo, trabajar, pensar qué hay nuevo,
cómo innovar... las cosas no llegan por sí solas. Es un trabajo
que necesita muchísima determinación y constancia, y literalmente todos los días tener en mente que las cosas no llegan
por sí solas, van a ser equivalente a lo que hagas.

Calle: Es un trabajo que la gente considera fácil y precisamente no lo es, porque para poder tener éxito en él, la paciencia es
fundamental porque, como nos dice Lini, "lo que fácil viene,
fácil se va y la comida de hoy puede ser el hambre de mañana",
entonces es tener paciencia, estrategia y no buscar fama, dinero, likes por las razones equivocadas porque así vas a durar
un mes. No es tan fácil ni tan rápido como lo que te imaginas.

Poché: Creo que también es muy importante rodearse de las
personas correctas. Para nosotras, contar con Lini y el equipo
correcto, que tenga los mismos valores que uno, de hacer las
cosas bien, de construir una carrera a largo plazo, de hacer
algo con sentido y con un impacto positivo de la sociedad, sin
estar buscando el beneficio rápido. Un equipo que te quiere
mantener con los pies en la tierra y el beneficio del éxito a
largo plazo, sin dejarnos perder el rumbo, como a muchos les
pasa.

Calle: Algo que también valoramos muchísimo en nuestro
equipo es que a ellos les importa cómo somos como personas. No es un equipo que está por una comisión o por trabajo,
sino por que crezcamos como personas y como talento, y no
por hacer un producto rápido. Es tener una conexión, saber
que les importamos, que son una guía en nuestra carrera y en
nuestras vidas.

Poché: Siempre es hacer las cosas con calidad, porque uno tiene que ser eficiente en su trabajo, pero la calidad marca el éxito. También ser muy honestos porque cuando uno hace algo solo porque le funcionó a otra persona, simplemente no resulta. Y tener la mente en lo que realmente importa, en estar enfocado en el futuro, saber tomar decisiones con cabeza fría, no en números ni en dejarse llevar por el momento.

Calle: Hacer todo con mucho amor y con mucha pasión, porque si lo haces desde el amor y con pasión por las razones correctas, vas a llegar muy lejos siendo constante, y disfrutando, y siendo feliz haciendo lo que haces y, sobre todo, saliendo de la zona de confort que es lo más importante para poder crecer.

"Lini significa en nuestras vidas un antes y un después. Si bien siempre hemos sido soñadoras, con ella guiándonos nos hemos convertido en mujeres con visión que saben que dejar de soñar no está permitido. Hemos aprendido que el éxito no viene solo, sino que en cada uno de nosotros está la decisión de ir a buscarlo, que del afán no queda sino el cansancio, que siempre hay que ver el panorama completo y proyectarse, que hay que estar feliz con lo que se tiene, pero seguir trabajando por lo que se quiere, que el bienestar es primordial, que todo lo que se hace en el presente es construcción de nuestro futuro, y que tener determinación y disciplina hace la diferencia. Lini es trabajadora, entregada, cariñosa, organizada, fuerte, sabia e inteligente. *She's a dreamer, a doer, a thinker. She sees possibility everywhere.* Por ti, Lini, sentimos agradecimiento infinito".

MARIO RUIZ

"Arriésgate porque
todo es posible".

Es una de las celebridades digitales más importantes de habla hispana. Gracias al gran impacto en su comunidad y a su talento, conquistó las plataformas tradicionales y tiene su propio show de televisión con NatGeo Latam llamado *Reto Imposible*. Además, ha conducido eventos especiales como Latin Grammy, Kids' Choice Awards Colombia, Premios Shock, entre otros, y ha participado en series de televisión como *Yo Soy Franky*, *Bia* y *Francisco el Matemático*. Su gran creatividad y humor lo han hecho merecedor de importantes premios como mejor parodia y snapchater de los MTV MIAW, e influencer masculino "con más onda" de los Tú Awards, además de recibir importantes nominaciones de premios digitales y portadas de varias revistas a nivel regional.

Para mí, el secreto de su éxito es que es arriesgado y se le mide a todo con tal de superarse a sí mismo, y esa es una de las características principales de cualquier persona exitosa, además de ser un gran estratega a la hora de trabajar en equipo.

👑 Para Mario el secreto de su éxito se debe a:

Yo digo que en el secreto del éxito una de las cosas claves es tener un gran equipo. Yo siempre he dicho que, si uno hace las cosas solo, sí las puede hacer y puede que las logre, y muchas veces rápido; pero si las hace en equipo las puede llevar más lejos. Creo que esto no solo pasa con los creadores, también con los músicos o actores o cualquier tipo de talento. Para mí, el 50% es uno, es decir el talento, y el 50% es el equipo, los que tienen el conocimiento de la industria. Para mí mi equipo ha sido como mi mentor. Mi historia en este mundo comenzó como un juego en el que me divertía hacer videos y, como no teníamos ningún referente de alguien que hubiera hecho una carrera a punta de videos, no entendíamos ni el valor ni el potencial de lo que estábamos haciendo, porque no teníamos a quien seguirle los pasos. Solo fue hasta que Lina llegó de la mano de LatinWE que nos presentaron una visión que jamás habíamos pensado, y sí puedo decir que esto dio un giro total a nuestras vidas —y digo nosotros porque éramos mi grupo de amigos: Sebas, Juan, Juana, Paisa—, que nos hizo cambiar y tener una visión más emprendedora, y entender que había un negocio 360 a partir de lo que habíamos formado. Obviamente al ver las cosas a través de lo que nos presentaron significó que teníamos que cambiar muchas cosas de las que hacíamos que eran divertidas, pero que no tenían la responsabilidad social que nos inculcaron desde entonces. Eso nos permitió entender que debíamos cuidar nuestro lenguaje, crear contenidos que construyeran, entender que todo lo que comunicábamos en los videos lo debíamos comunicar en entrevistas, entre nosotros, porque era la voz que estábamos llevando a la plataforma y a conquistar nuevas plataformas como la televisión, la radio, medios más tradicionales, nuevos mercados, y lo más importante, reinventarnos constantemente. Creo que, si hoy hago un balance, siento que sí tenemos un punto diferencial en la industria, creo que hemos tenido un desarrollo de talento porque no solo creamos videos, sino que también presentamos, actuamos y seguimos probando nuevos caminos artísticos de la mano de los mejores. También hemos trabajado con las marcas que nos gustan, de las que algún día soñábamos con ser imagen, y eso se debe a una gran estrategia que se aplicó desde el día uno que empezamos a trabajar. Creo que a nosotros nos cambió la vida cuando entendimos el valor que teníamos, y nuestro trabajo fue clave para que la industria cambiara su percepción y para que hoy sean nuestros grandes aliados. También siento que haber tenido una guía y un acompañamiento nos sirvió para lograr construir una carrera muy sólida a nivel internacional en los medios y con las marcas más prestigiosas de habla hispana en tan solo cinco años.

 Si quieres empezar a crear contenidos, Mario te aconseja:

1. Originalidad: siempre intenta hacer algo que innove las redes.

2. Colaboraciones: intenta conseguir personas que sean parte de tu contenido, y también crea contenido con otros creadores.

3. Cero pena: muchas veces, cuando se inicia, la pena es una gran barrera que tienes que romper para que todo lo que hagas sea más natural.

4. Seguridad: no prestar atención a los comentarios negativos, siempre de alguna u otra manera los habrá, estar seguro de la persona que eres y no permitir que esto afecte lo que quieres llegar a ser.

5. Internacionalizarse: intentar usar un lenguaje universal teniendo en cuenta que tu contenido no solo llegará a las personas de tu país, sino también de otros lugares.

JUAN PABLO JARAMILLO

"Aquí entran todos".

Juan Pablo Jaramillo es uno de los creadores de contenidos que nos enseñó que se puede entretener a una comunidad de más de veinte millones de seguidores, pero que al mismo tiempo se pueden lograr impactos positivos en la sociedad. Ser el youtuber pionero de Colombia y el primer creador colombiano en publicar un libro que se convirtió en *best seller* el mismo día en que se lanzó demuestra que desarrollar las pasiones es una de las herramientas que te llevan al éxito, y que querer ser ese cambio que quieres ver reflejado en el mundo es la clave para ser un líder de una comunidad. Luego de diez años de lucha por vivir en una comunidad más abierta, logró convertir una propuesta en un decreto presidencial en Colombia, respaldado por el presidente Juan Manuel Santos. El decreto titulado "Aquí entran todos", desarrollado junto a Christian Castiblanco, propone un paso hacia adelante en temas de igualdad y no discriminación para todo un país, aprendiendo que las diferencias nos enriquecen y esto nos hace una sociedad más avanzada.

Juan Pablo ha participado en importantes cadenas de televisión como Caracol Televisión, Telemundo, Nickelodeon, y ha recibido importantes reconocimientos como Youtuber Favorito, Chico Trendy y Video Viral en los Kids' Choice Awards Colombia, además de más de seis nominaciones en los MTV MIAW y Kids' Choice Awards México. Su popularidad lo ha llevado también a ser portada de al menos seis revistas en toda la región.

Para mí la clave de su éxito es su gran pasión por todo lo que hace, ya que eso le da el temple y la fuerza para lograr cambios con tanto impacto. Su creatividad no tiene límites.

♔ Para Juan Pablo el secreto de su éxito se debe a:

Mi historia comenzó hace once años cuando, por aburrimiento, decidí empezar a hacer videos con mi primo. Siempre me había gustado mucho el tema audiovisual: los videos musicales, la música, expresarme con cosas artísticas, y por eso empecé a usar las plataformas digitales como hobby. No entendí el valor de lo que hacía, así que empezaron a llegar marcas y terceros que vinieron a proponerme negocios, pero que lamentablemente se aprovecharon de mi ingenuidad en el negocio, me estafaron y me robaron. La verdad estaba muy joven y pues este tema era muy nuevo, por eso creo que fue tan fácil haber caído en malas manos. Fue hasta que conocí a Lina y a LatinWE que mi vida cambió y descubrí lo importante que es trabajar con un equipo que conoce la industria, que es estratega, pero que además en ese momento fue visionario y entendió cómo se debía desarrollar el juego entre las marcas y nosotros. De hecho, esa es una de las cosas que más admiro porque, además de educarnos y guiarnos, tuvieron que instruir a las marcas y hacerles entender que la cocreación era la clave para poder construir contenidos orgánicos, y sé que no fue un tema fácil, pero con el tiempo hemos visto los resultados que hemos tenido al venir trabajando con marcas por los últimos cinco años seguidos.

Creo que es un equipo que se ha preocupado por tenernos a la vanguardia. Nos permitieron construir carreras internacionales y que no solo nos enfocáramos en ser exitosos con lo que hacíamos, sino que tomáramos un liderazgo con una voz que trascendiera dentro de nuestras comunidades en lugar de ser un usuario más de las plataformas, y eso creo que es lo que marcó la diferencia en mi carrera.

El mejor mensaje que le puedo dar a alguien que se quiera volver influenciador es que haga las cosas porque le apasionan. Eso marca la diferencia, todo va ser más genuino y se va a notar. Segundo, ser constantes, es algo muy importante en Internet para crear un hábito y hacer que te reconozcan por tu contenido. Es muy importante persistir sin importar los resultados, simplemente porque tienes claro que, así lo vea una persona o mil, lo estás haciendo para comunicar algo. Tercero, que entiendas muy bien la responsabilidad que tiene ser un influenciador digital. Si analizas la palabra, no es tener la influencia en tu audiencia para vender un producto, sino para causar un impacto positivo, cambios sociales, educar y abrir los ojos, y hacer que esta sea la generación del despertar; que todos tengan una voz. Poder aprovechar esa influencia para transmitir cosas buenas y ser ese granito de arena para provocar cambios en el mundo. Un secreto para entender esto es tener como referencia creadores digitales que han hecho grandes cambios.

 Si quieres empezar a crear contenidos, Juan Pablo te aconseja:

La verdad, comparando el trabajo de LatinWE con anteriores mánagers o mánagers de mis amigos, siento que tengo un equipo muy completo que se ha convertido en mi familia, que me guía y me ha enseñado cosas muy importantes como:

- Ser una voz con impacto positivo, es decir, tener una misión.

- Entender la responsabilidad social que tiene la palabra "influenciador", hacer contenidos con responsabilidad y lograr ser la generación del despertar.

- Valorar mi trabajo. Fue cuando aprendí que, aunque para el zapatero es fácil hacer zapatos, eso no quiere decir que los tenga que hacer gratis, porque de eso vive.

- Tener una visión emprendedora. Con LatinWE empecé a amplificar mis negocios, además de hacer videos, escribí un libro que fue *best seller*, impulsé un decreto y he desarrollado mi talento en otros campos como lo ha sido la presentación y la actuación.

- Ser constantes. En la industria digital crear un hábito significa persistir hasta el cansancio.

- Innovar. Siempre nos llevan a conferencias, nos dan acceso a nuevas herramientas de las plataformas o a las nuevas herramientas técnicas que vendrán para que las utilicemos a la hora de crear nuestros contenidos e innovar.

- Establecer relaciones a largo plazo y por eso trabajar con marcas que van alineadas con lo que somos.

- Ser apasionados con lo que hacemos o con las causas que apoyamos para que los resultados hablen por sí solos.

- Ser estrategas para que cada acción que hagamos hoy nos traiga como resultado cumplir nuestros sueños mañana.

- Hacer respetar nuestra visión creativa porque es la que refleja la autenticidad y permite que creemos videos orgánicos.

JUANA MARTÍNEZ

"Recuerden ser extremadamente felices :)".

Es una de las celebridades digitales femeninas más populares y queridas en la región. Su interés es construir una comunidad incluyente y con propósito. Esto le ha permitido llegar a reunir una comunidad de más de diez millones de seguidores, lo cual le ha dado el empuje para apoyar importantes causas sociales con las que se siente identificada, inclusive la organización Girl Up de Naciones Unidas la eligió como una de sus "champions" en un movimiento que defiende la igualdad de género y el apoyo entre mujeres. Ha tenido participaciones estelares en televisión, conduciendo MIAW Time de MTV y la Pink Carpet de los MTV MIAW, y su programa Taggeados de Caracol Televisión. Ha sido infinidad de veces portada de la revista *Tú* en México y en Colombia, y fue protagonista de un especial en la revista *Teen Vogue*. Escribió un libro para adolescentes titulado *La armonía del caos*. También ha recibido numerosas nominaciones en los premios MTV, Tú Awards y Kids' Choice Awards y ha sido ganadora de dos premios MTV, un Tú Award y un premio Eres.

Para mí, el secreto de su éxito es su autenticidad, no querer ser una copia de los prototipos que existen, querer cambiar el mundo con cada cosa que hace y su sensibilidad tanto en lo emocional como en lo artístico. Para Juana, construir una carrera exitosa se basó en confiar en un equipo que la ha llevado a construir algo que ni ella misma se imaginaba que podía llegar a hacer.

♔ Para Juana el secreto de su éxito se debe a:

No puedo empezar esto sin antes hablarles de lo caótico que fue nuestro pasado como creadores de contenidos o influenciadores, como algunos nos llaman. Para ponerlos en contexto, estamos más o menos en 2014. La época en la que la credibilidad de lo digital estaba siempre en duda, cuando ni la gente, ni las marcas ni la industria en general querían ver ni aceptar los cambios que el mundo digital e Internet habían traído. Excepto Lina, que para este momento no tengo ni idea en qué parte del mundo estaba ni qué estaba haciendo exactamente... solo estoy segura de que debía estar cambiando la vida de alguna persona con su mente brillante. Y yo sé que no vine aquí a hablarles de lo maravillosa que es Lina, pero ustedes entenderán que no puedo hablar de mi carrera como creadora de contenidos y figura pública de no ser por su mente. Haber encontrado a Lina fue una maravillosa coincidencia y, déjenme decirles, un gran alivio. Por fin alguien entendía el valor de nuestro trabajo y lo respetaba simultáneamente, porque después de tantas travesías, entendí que las pocas personas que realmente habían entendido el valor de lo que hacíamos eran, por lo general, personas que buscaban explotarnos sin importarles nuestra imagen, preferencias ni opinión. Hasta cuando Lina apareció (Lina, ese individuo particular que sin duda desde que la conozco va no solo tres sino cien pasos adelante de todos). Ella es ese tipo de persona con la que en algún punto de mi vida incluso me enojé, porque yo no entendía qué estaba pasando y ciertamente no podía ver el futuro de la manera en que ella lo veía. Así que ahora solo la sigo sin preguntar, y la escucho siempre que tiene algo que decirme. Creo que puedo hablar por todas las personas que trabajamos con Lina y que estamos a su alrededor y es que de Lina nunca sale algo que no tenga sentido o justificación, siempre hay una razón para todo, siempre hay una solución y por encima de todo siempre hay claridad. Siento que Lina me ayudó a entender que, si realmente quiero decir algo positivo con mi contenido o incluso algo educativo, puedo hacerlo. Me ayudó a entender que no quiero ser moda, porque las modas pasan y no dejan mucho. Que no quiero ser una artista desechable porque debo aprovechar cada oportunidad que tengo para dejar algo en las personas. Que si quiero ser algo más allá y hacer algo de calidad, siempre habrá un espacio para mí porque yo lo voy a crear con mi talento.

 ## Si quieres empezar a crear contenidos, Juana te aconseja:

1. Entender qué quieres transmitir en general con tu contenido, qué tipo de contenido quisieras hacer y tener en cuenta que lo que elijas es lo que harás durante los siguientes años de tu vida si quieres ser creador de contenido. Entonces debe gustarte y apasionarte mucho. La gente lo pasa por alto, pero siento que es muy importante sentirte cómodo con lo que quieres transmitir.

2. Hacer un cronograma y organizarte. Es bueno organizarte porque así es más fácil saber qué cosas necesitas y qué hacer para llegar a tener esas cosas. ¿Qué cosas? Cámaras, equipo, conocimiento de edición, ¡tiempo! Jaja y cosas que necesites en cada video individualmente.

3. Muchas veces las historias que tenemos por contar son las mismas que tienen muchas otras personas alrededor del mundo, lo que yo siento es que los creadores de contenido

deben ser buenos contando esas historias de formas muy únicas. ¡Busca una forma en la que solo tú puedas contarla! Recuerda que si eres tú mismo nadie puede ser exactamente igual a ti, por lo tanto, tu contenido será original.

4. Sé muy constante y absorbe todo el conocimiento que puedas..

5. ¡Colabora y haz equipo! Es importante estar rodeado de gente que quiere crear cosas y que se ayuden entre ustedes. Siempre es muy útil la inspiración o la mano extra. Y, definitivamente, es muy enriquecedor.

"Lina es una persona que supo entender Internet y no tuvo ninguna pretensión al respecto. Solo hace falta trabajar con ella para entender un pequeño porcentaje de cómo funciona su mente. Es una gran maquinaria llena de engranajes que nunca se olvida del amor y la empatía que tiene como ser humano".

KATY ESQUIVEL

"Por qué pretender ser perfecto cuando mostrar la realidad es más divertido".

Katy Esquivel no es solo una de las pioneras en la creación de contenido digital, sino también continúa dentro de las principales listas de los talentos digitales más influyentes de la región. Gracias a su contenido de moda, belleza y estilo de vida, Katy logró posicionarse como la creadora digital de moda en la que más confían los peruanos, según la lista del 2019 de la empresa de mercadeo GFK. Su nivel de convocatoria y su contenido llamó la atención de *The New York Times*, donde fue una de las protagonistas de un reportaje especial, al igual que CNN en Español, E! y la revista *People en Español*. Ha sido invitada especial como panelista en Beautycon y como espectadora en eventos como el Mercedes-Benz Fashion Week en Berlín y el Miami Fashion Week. Fue el primer talento digital de Perú en ser nominada a un Kids' Choice Award de México y su gran trabajo con marcas la llevó a ganar un Produ Award como mejor campaña transmedia con un influencer. Sus experiencias y útiles tips los plasmó en un libro que rápidamente se convirtió en un *best seller*. Hoy se reinventa, a pesar de que su contenido de moda, belleza y estilo de vida continúa siendo de los más consumidos. Katy añadió a su contenido otra de sus pasiones: los viajes, algo que su comunidad de casi diez millones de "whatthechickers" supo apreciar ubicándola rápidamente en el top tres de las influencers más relevantes en el mundo de los viajes y el turismo.

Para Katy el secreto de su éxito se debe a:

Pienso que la clave del éxito en mi carrera se debe a que comencé a hacer videos en YouTube en una etapa vulnerable de mi vida. Me conocieron como la Katy 'tímida', pero motivada a compartir todo lo que sabía con su audiencia. Con el tiempo, esa Katy fue creciendo, madurando, cometiendo errores y celebrando triunfos. Hice todo junto a mis seguidores y eso creó un vínculo muy fuerte entre nosotros. Los logros en mi vida no se deben a mi popularidad, sino a la relación tan estrecha que tengo con las personas que me conocieron hace casi una década y decidieron vivir sus vidas junto a la mía. Eso tiene un valor indescriptible, va más allá de tener un video viral, es demostrar que eres cercano. Hay miles de usos que les puedes dar a las redes sociales, pero el que ha tenido más impacto para mí es usarlas para inspirar a otros a salir de su zona de confort y tratar de ser una mejor versión de sí mismos.

 Si quieres empezar a crear contenidos, Katy te aconseja:

1. Si te gusta crear contenidos de estilo de vida, no pretendas ser alguien más. Las personas están cansadas de ver escenarios perfectos, quieren personas reales con las que se puedan identificar.

2. Sé constante. Actualmente hay demasiadas personas haciendo lo mismo que tú y la única forma de destacar es siendo original y manteniéndote presente en las redes publicando continuamente.

3. No tengas miedo de ejecutar ideas nuevas, hay un nicho para literalmente TODO. Nunca sabrás qué le gustará a tu audiencia si no lo pruebas. Y si no funciona, te servirá para saber lo que no debes hacer. ¡Lo importante es que intentes!

4. Mejora la calidad de tu contenido. Si bien es cierto que el contenido que hagas debe ser aterrizado y cercano para tu audiencia, hacer contenido de buena calidad te abrirá puertas para trabajar con marcas reconocidas. ¡Hay miles de cursos y tutoriales *online* que puedes ver para mejorar!

5. ¡No te compares! Todos somos diferentes, el número de likes, views y seguidores son solo una etiqueta, pero no hacen un contenido mejor que el otro. Enfócate en lo que te gusta hacer y en lo que puedes ofrecer de forma única. Si te comparas nunca podrás apreciar tus logros y gastarás tu energía en ser mejor o igual que otras personas en vez de crear la mejor versión posible de lo que ya eres.

¡Lina es una súper mujer! Siempre he admirado cómo puede hacer prácticamente todo lo que se propone. Es la que siempre está cuidándote, dándote consejos y asegurándose de que la inspiración nunca se vaya. Soy muy afortunada de tenerla en mi vida.

XIME PONCH

"Los sueños sí se hacen realidad,
si trabajas duro para conseguirlos.
Así que sigue soñando".

Es la Tiktoker latina número uno en todo el mundo. Su creatividad y pasión por la creación de contenido le permitieron conquistar otras plataformas, convirtiéndola en una de las celebridades juveniles multiplataforma con mayor proyección. A sus diecisiete años ha dado grandes pasos en su carrera al ser la conductora principal de los Tú Awards 2019 y la conductora semanal de "Trendy Studios" y "Te Desafio", dos de las principales franquicias digitales de Nickelodeon. Además, Xime ha recibido numerosas nominaciones a los Kids' Choice Awards México, MTV MIAW y Tú Awards, de los cuales ganó el premio de revelación del año en el 2017 y tiktoker del año en el 2019. Ha sido varias veces portada de revistas y actualmente está escribiendo su primer libro.

♕ Para Xime el secreto de su éxito se debe a:

Para mí el secreto del éxito es que te guste, que lo ames, que realmente estés apasionado por lo que haces; si lo haces porque sí o a la fuerza, no se va a notar tu 100%. A mí, por ejemplo, lo que me motiva más es cuando las niñas vienen y me dicen que soy su inspiración o que quieren ser como yo. La verdad eso me inspira cada día a ser mejor y a entender que debo tener una responsabilidad social en mi contenido. También es muy importante soñar y proponerse cosas y ponerse objetivos y metas para trabajar mucho por ello, porque no todo viene de repente, no es gratis, y no todo es fácil, tienes que trabajar mucho sin rendirte porque todo se puede lograr con trabajo duro.

Yo empecé porque a mí me gusta compartir lo que hago, lo que me gusta, y sentí que podía inspirar a muchas personas a perseguir sus sueños. Es muy, muy importante que te rodees con gente positiva y profesional que te haga sentir bien, y acepta o busca ayuda para poder crecer y construir una carrera, para pasar del hobby a tomarlo como tu manera de vida. Yo tuve la suerte de encontrar unos angelitos que me están ayudando en este camino como todo el equipo de LatinWE que con su guía y su acompañamiento han sido claves para ir obteniendo grandes logros, además del apoyo de mi linda familia.

 Si quieres empezar a crear contenido, Xime te aconseja:

- Ser tú mismo, haz lo que te gusta, no aparentes ser alguien más y diviértete.

- Ser trabajador, trabajar todos los días con mucha pasión.

- Ser diferente, el secreto es no ser igual que los demás.

- Tener constancia.

- Sentir pasión por lo que haces.

"Trabajar con Lina y con el equipo de LatinWE es lo más cool del mundo y estoy súper agradecida por ellos. Aparte llegaron en el momento en el que la verdad los necesitaba muchísimo. Lina es mi segunda mamá, siempre está ahí para mí, me guía, me da consejos, siempre quiere lo mejor para mí y me ayuda a cumplir mis sueños. Vivo agradecida de que haya llegado a mi vida. Te amo, Lini".

LITTLE VALE

"Siempre da la mejor de ti
y lo mejor vendrá".

A sus diecisiete años, Valentina Garzón se posiciona como una de las celebridades digitales de las nuevas generaciones, su acelerado crecimiento en las plataformas digitales la ha llevado a tener dos nominaciones como artista revelación en el 2019, premios KCA y premios Tú. Su pasión por la moda, el maquillaje y la música la han llevado a crear una comunidad de más de dos millones de seguidores. Estos logros en el área digital le han abierto las puertas de Nickelodeon, donde conduce uno de los más importantes shows de sus franquicias digitales, *Make Me Glam*, y en la revista *Tú*, con su primera portada.

Para Vale el secreto de su éxito se debe a:

Para mí todavía es un sueño todo lo que me ha pasado en tan poco tiempo, siento que la clave de todo es hacer las cosas con amor y así, tarde o temprano, empiezas a ver resultados increíbles como los que he visto. También tener mucha constancia, porque al comienzo se requiere mucha dedicación.

Si quieres empezar a crear contenido, Vale te aconseja:

1. Si es algo que te gusta, arriésgate y da ese primer paso que tanto nos da miedo dar.

2. Ser uno mismo.

3. Ser constantes.

4. Saber qué quieres transmitirles a las personas a través de la pantalla, cuál es ese mensaje que quieres dar.

5. Ser auténtico, tener tu sello único.

"Para mí, Lini y todo el equipo se convirtieron en mi segunda familia. Son un apoyo incondicional, me inspiran cada segundo, y me enseñan millones de cosas cada día. Me han ayudado a cumplir sueños que siempre he tenido y sueños que no sabía que tenía. Siempre he sentido ese apoyo que me ayuda a salir de mi zona de confort y arriesgarme a hacer cosas increíbles".

ANDREW PONCH

"No duermas para descansar,
duerme para soñar".

Andrew Ponch, con tan solo catorce años, ha construido una comunidad de un millón y medio de seguidores y presenta el show *Te Desafío* de la cadena Nickelodeon. Además, ya ha tenido dos nominaciones como influencer revelación en los KCA y premios Tú y se perfila como una de las celebridades más queridas de las nuevas generaciones. Su pasión por el cuidado del planeta lo llevó a ser uno de los embajadores más jóvenes de la organización WWF a nivel regional, organización que lucha por preservar el medio ambiente y la vida salvaje. Andrew ha participado en importantes entrevistas tanto en prensa escrita como en televisión y es un *feature creator* (creador especial) de Vidcon México, 2020.

 Para Andrew el secreto de su éxito se debe a:

Yo creo que he tenido éxito gracias a toda mi familia y a mi equipo que siempre me está apoyando en todo. También en que tengo el apoyo de mis seguidores con los que somos muy unidos, porque así al sentir ese apoyo uno se motiva a hacer más y más cosas y cada vez hacerlas mejor.

 Si quieres empezar a crear contenido, Andrew te aconseja:

Primero que nada, que estén seguros de hacerlo, que tengan siempre la cabeza en alto y que nunca se rindan, porque a pesar de que aparecerán los *haters*, también existirán personas que los respaldarán y en ellos es en quienes se tienen que apoyar. Segundo, siempre es más fácil si hay alguien que te anima a continuar, por eso es muy importante que tus amigos o tu familia estén a tu lado en los inicios y luego de que conformes un equipo, para que puedas concentrar toda tu energía en sacar el mejor contenido posible.

Que si lo vas a hacer, lo hagas bien. Siempre me gusta que mis videos sean lo mejor y todo lo que hago es porque creo que a la gente hoy en día sí le gusta ver cosas de calidad y al final esto se convertirá en tu sello. Siempre haz algo que te guste y te irá bien, no hagas las cosas por vistas o por dinero, sino porque te apasiona. Yo disfruto haciendo mis videos porque los hago de cosas que sé que nos gustan, y si tú te diviertes, el que vea el video se va a divertir igual.

Sé tú mismo y no dejes que los demás te digan cómo tienes que ser. Creo que es una de las cosas más importantes, porque así verán algo diferente en ti y eso es lo que en realidad genera una conexión con la gente.

"La verdad es que Lina siempre ha estado ahí para todo y es como la mamá de la familia; siempre nos cuida y quiere que todos seamos felices y que cumplamos nuestros sueños, incluso antes de pertenecer a esta familia ellos ya me trataban como si fuera parte de ella, y cuando me uní, todos me trataron súper bien. Siempre me apoyaron a cumplir mis sueños y sin ellos no estaría aquí donde estoy porque esto es algo que hemos hecho todos juntos".

MARIO
SELMAN

"Confía en ti, todo pasa
por una razón".

Es uno de los top diez tiktokers a nivel mundial. A sus dieciséis años, logró hacer una gira en la que se agotaron las entradas en más de veinte ciudades de los Estados Unidos. Ha participado en cuatro ediciones de Playlist y Vidcon, los eventos de celebridades digitales más importantes de Estados Unidos. Estar en un escenario le hizo encontrar en la música su próximo reto, por el cual se encuentra trabajando en este momento en ese proyecto. Ha sido invitado especial de importantes shows de televisión como premios lo Nuestro, Latin Amas, Grammys, entre otros.

 Para Mario el secreto de su éxito se debe a:

Siento que el secreto es que siempre ha sido mi hobby. Obviamente cuando empecé jugando llegó un momento en el que pude ver la responsabilidad que tenía que tener si lo convertía en negocio, pero así y todo entendí que a la final tenía que disfrutarlo, porque es un trabajo que requiere que estés ahí 24/7.

 Si quieres empezar a crear contenido, Mario te aconseja:

1. Ser original: no se trata de hacer lo que alguien exitoso está haciendo, porque ya una persona lo esté haciendo, se trata de que tú hagas una propuesta para marcar la diferencia.

2. Ser consistente: si uno no se dedica 24/7 y no está en constante comunicación con sus seguidores, es imposible construir una comunidad y esto es un trabajo que se demora años en hacer, porque tienes que crear un hábito en quienes te ven.

3. Mejorar la calidad: una vez te haces exitoso hay que reinventarse e innovar constantemente, mejorar la calidad es muestra de que te estás tomando tu trabajo en serio, porque cada vez hay unas nuevas tecnologías y herramientas para crear tu contenido y si tú quieres hacer que tu comunidad viva una experiencia increíble, es necesario que tus videos cada día sean mejores.

4. Colaborar: las colaboraciones con personas que pueden compartir los mismos gustos, pero están en otra región, o en una ciudad; son súper óptimos para darse a conocer a nuevas audiencias.

5. Ser apasionado: siempre he hecho esto porque de verdad disfruto hacerlo y creo que es el secreto para cada vez quererlo hacer mejor, creo que es también ese motor que te permite seguir y seguir porque lo disfrutas tanto que no puedes dejar de hacerlo.

"Trabajar con Lina y el quipo ha sido increíble porque es tener una guía para lograr cumplir lo que yo quiero".

CLAUDIA BAHAMÓN

"La mejor versión de ti siempre viene en envase no retornable; procura compartirla con quien sepa apreciarla".

Claudia Bahamón es una de las celebridades de televisión y digital más queridas de la región. Además de sus quince años de gran trayectoria como conductora en la televisión de shows especiales como la franquicia *Master Chef*, es embajadora de importantes marcas. Ha sido portada de más de treinta revistas conocidas como *Cosmopolitan*, *Hola*, *Vanidades*, entre otras, y ha tenido varias nominaciones como presentadora favorita en los premios Tv y Novelas y ganadora en la categoría de presentadora de televisión y digital favorita de premios Radio Online. También es reconocida por su gran pasión de cuidar el medio ambiente y ha logrado desarrollar una comunidad de más de cinco millones de seguidores en redes sociales que la apoyan en este tema, al igual que reconocidas organizaciones internacionales como la WWF y Greenpeace, de las cuales ha sido embajadora durante los últimos diez años. Es la líder de la iniciativa #YoSoy20del20 en la que veinte influenciadores latinoamericanos se unirán para darle visibilidad a los temas de medio ambiente durante este año.

 Para Claudia, su interés por incursionar en el mundo digital se debe a:

En el mundo digital vi la oportunidad de reinventarme, ya que sentía que estaba muy bien en el mundo de la televisión porque he tenido proyectos que me encantan y disfruto, pero sentía que muchas cosas estaban cambiando y yo soy una persona a la que le gusta asumir nuevos retos, pero me gusta hacerlo bien, siendo consciente del tema, y por eso quise darme a la tarea de entenderlo y lo hice hablando con diferentes personas que conocieran del mundo digital, entre ellos creadores y mánagers. Una vez lo conocí, me enamoré, porque es un medio que me permitió hablar de mi propósito de vida que es el medio ambiente, el amor a mi familia y todos esos temas que en realidad era muy difícil abordar en televisión.

 Si quieres empezar a crear contenido, Claudia te aconseja:

1. Encuentra tu propósito o marca personal, porque te permitirá construir genuinamente una comunidad y será más fácil encontrar temas de conversación, para que no te quedes en la cuenta de la selfie.

2. Prepara un presupuesto para creación de contenido, ya sea fotos o videos; las redes necesitan que les des contenido de calidad y a veces que una persona lo haga todo es muy difícil.

3. Asesórate de un equipo que conozca la industria digital, definitivamente esto ya es una industria y debes sacarle el mejor provecho.

4. Ser constante. Las redes necesitan que estés presente todos los días.

5. Sé autentico. No todos los retos son para todos, ya que en redes uno tiene que ser uno mismo y la personalidad debe tener coherencia con lo que se hace, porque hay que entender muy bien el propósito y saber quién eres para poder salir con una voz dentro de las plataformas digitales.

"A Lina la amo, no sé cómo hace para tener el don de la ubicuidad, siempre tiene algo positivo y constructivo para decir y pues nada le queda grande y cuando quise incursionar en el mundo digital supe que ella era la persona que tenía el consentimiento necesario para apoyarme".

PAISAVLOGS

"Aquí puedes".

Un joven que con su carismática personalidad pasó de hacer videos por hobby y ganarse la vida haciendo magia en el transporte público de Colombia, a ser el antagonista de una serie de Disney llamada *Once*. Luego de ser un youtuber pionero en Colombia, pudo dar los primeros pasos en la actuación en la película *Casa por cárcel*, del reconocido director y libretista Gustavo Bolívar. Ganó su papel en la serie de Disney por dos temporadas y hoy hace parte de la película *Loco por vos*, de Netflix. Su pasión por los deportes lo ha llevado a cubrir los eventos deportivos más importantes como la Copa América y el Mundial de Fútbol en Rusia 2018, de la mano de Adidas. También ha sido portada de la revista *Tú* en México y Colombia y ha tenido varias nominaciones como youtuber favorito y villano favorito en los KCA. En la actualidad se encuentra desarrollando su talento musical.

 Para Paisavlogs el secreto de su éxito se debe a:

Amar lo que hago, amar los procesos, siempre estar vigente y activo, las redes son una curva constante donde muchos factores pueden alterar tus estadísticas tanto positiva como negativamente. Esto suele afectar el estado de ánimo y la autoestima, pero es primordial tener los pies en la tierra y reinventarse todo el tiempo, solo hay uno como yo en el mundo, cada ser humano es único e irrepetible y eso es con lo que la gente se identifica. Mi secreto, no tan secreto, ha sido siempre ser yo.

 Si quieres empezar a crear contenido, Paisavlogs te aconseja:

1. Sé auténtico, sé tú mismo.

2. Aprende a omitir los comentarios negativos, que hablen bien, que hablen mal, pero que hablen.

3. Rodéate de personas que te inspiren, que te quieran ver bien y te ayuden a ser tu mejor versión.

4. Ama lo que haces, aunque sea tu trabajo nunca dejes de verlo como tu hobby favorito.

5. La clave del éxito: CONSTANCIA Y DISCIPLINA.

"Conocí a Lini cuando era muy pequeño; era un niño con muchos sueños, pero sin una guía. Lini ha sido una persona que llegó a mi vida a cambiarla, siempre ha confiado en mis capacidades, hemos recorrido el mundo, hemos estado en los eventos más importantes del gremio, me ha visto crecer personal y profesionalmente, es un pilar fundamental en todo lo que soy hoy en día como persona, me inspira; es impresionante cómo no para nunca de trabajar, creo que es la persona que más tiempo tiene su celular en la mano, no sé cómo hace para no dejar mensaje sin responder, es un ser humano que a cada uno de nosotros nos ha dejado enseñanzas, siempre diciéndonos lo que tenemos que escuchar e imponiendo respeto a donde va. La expresión "mamamánager" es su sinónimo, agradezco a Dios por lo vivido".

MATTHEW WINDEY

Matthew Windey es instagramer, director, actor y estratega digital. Al tener su propio caso de éxito de construir una comunidad de más de 1,5 millones de seguidores, gracias a la creación de *sketches* cómicos, como Susano José, La mamá de Susano, Lori Fitness y Benuel, creados, actuados y dirigidos por él. También creó su propia agencia digital llamada Windey Media, en la cual desarrolla estrategias digitales para importantes marcas. Dirigió y actuó en la película colombiana *De regreso al colegio* y su propio reality, *Del centro pa´ dentro*. Hizo parte del reality *Master Chef Celebrity*, el cual le permitió reconocer su gusto por la cocina y a partir de allí creó el formato de cenas clandestinas donde podían participar sus seguidores. Recientemente participó como actor principal en la obra *Vallenato, help me!,* del reconocido libretista y director Dago García.

 Para Matthew, el secreto del éxito es:

La clave del éxito en mi canal en redes sociales ha sido ser real conmigo mismo y con mis seguidores, ser genuino y buscar siempre ser único, diferenciándome de los demás, compartiendo contenidos diferentes, buscando conectar con la audiencia debido a la cotidianidad de los mismos. La actuación y la creación de personajes me han abierto puertas en otras plataformas como el teatro y la televisión.

La capacidad también de sorprender a la audiencia con ejes temáticos diferentes y entender que hay público para todo. Humanizar mi cuenta compartiendo mi realidad y así conectarme a un nivel más personal con mis seguidores ha sido también un factor importante para el crecimiento de mis súper fans.

Si quieres empezar a crear contenido Matthew te aconseja:

1. Ser real, genuino y constante.

2. Si bien pegarse a una tendencia es importante para el crecimiento de las redes sociales, también es importante crear tendencias. Buscar la creatividad presente en cada uno de nosotros y compartirla sin miedo a ser juzgado y señalado.

3. No obsesionarse con el crecimiento de la red. Entender que debido a cada eje temático y nicho de mercado hay mayor o menor audiencia y que más allá de crecerla es mucho más importante fidelizarla.

4. Ser feliz en el proceso, esto va a verse reflejado en cómo te comunicas con tu audiencia y cómo te perciben.

5. Colaborar con personas afines a tu audiencia y entender que hay mercado para todos. De esta manera siempre vas a estar en constante apoyo con otros creadores y en constante crecimiento.

"Trabajar con Lina como mi mánager ha sido una experiencia increíble. Ha sido una montaña rusa de emociones debido a este mundo de celebridades digitales y a su constante evolución. Su experiencia tanto en la producción, como en el manejo de talento, la ha llevado a posicionarse como una de las mánagers de talento digitales más exitosas del mundo. Para mí es un honor tenerla como parte de mi equipo y siempre seguiré sus consejos para el crecimiento de mi marca personal. Es sin duda un icono de esta industria y seguirá marcando nuevas tendencias. A veces quisiera tenerla solito para mí".

CAPÍTULO SIETE
LO QUE VIENE

"Ten siempre presente que la industria digital sigue en crecimiento y las oportunidades de negocio también".

 Lo que viene

Soy fiel creyente de que para poder improvisar uno debe estar muy bien preparado. Por eso, una vez tengas tu marca personal y estés trabajando en tu estrategia de monetización y crecimiento de audiencia, es muy importante que conozcas muy bien lo que está pasando en la industria en la que te vas a desenvolver, para que así puedas ponerte tus propios objetivos y parámetros dentro de tu estrategia a largo plazo y puedas encontrar temas y métricas para crear un plan que responda a las necesidades del mercado.

Ten siempre presente que la industria digital sigue en crecimiento y las oportunidades de negocio también, sin importar la controversia que han causado los problemas de privacidad, el *hacking*, las noticias falsas o que sigan asegurando que es moda y otros aspectos negativos de la vida *online*. Según IDC, International Data Corporation,[14] para el año 2023 la inversión publicitaria en digital a nivel global alcanzará los 520.000 millones de dólares y en Latinoamérica los 32.810 millones de dólares, lo que equivale a casi un 15% de incremento anual en los próximos cuatro años. Estas cifras demuestran que, aunque en nuestra región el crecimiento ha sido un poco lento, no significa que no va en aumento. Actualmente los mercados que lideran esa inversión son Brasil, México, Argentina y Colombia.

Quienes le apuestan a esta industria deben estar preparados para enfrentar una industria joven en la que la evolución del comportamiento del consumidor y la tecnología es más rápida que la capacidad de explotación que tiene sobre sí misma, generando así una gran cantidad de retos para quienes deciden apostarle.

La transformación digital ocasionó que unos jóvenes que jugaban desde sus cuartos hoy sean competencia de las grandes corporaciones, que hasta hace ocho años debían contar con más de noventa equipos a lo largo de la región para llegarle a la misma cantidad de audiencia que un solo joven lograba. Esto trajo una oportunidad muy grande para los creadores de contenido en su crecimiento, pero también una gran competencia que sumergió a muchos en una crisis personal que en algunos de los casos ocasionó que varios abandonaran sus canales y lo que habían construido, como fue el caso de PiewDiePie, con más de sesenta millones de suscriptores, el Rubios, Ninja y, en el mundo latino, aunque no ha sido tan extremo, creadoras como Rawana, Pautips y Caeli. Por esto la temática más importante en el último año de creadores y que hoy en día se mantiene latente y cobrando importancia es cómo manejar un hobby que se convirtió en un negocio

14   Enlace disponible en: https://www.idc.com/getdoc.jsp?containerId=prUS45613519

Gasto de publicidad digital en Latinoamérica, por país (2019-2023)	2019	2020	2021	2022	2023
Gasto de publicidad digital (millones USD)					
Brasil	$4,92	$5,56	$6,12	$6,61	$7,06
México	$1,97	$2,21	$2,41	$2,60	$2,78
Argentina	$0,34	$0,37	$0,40	$0,43	$0,46
Chile	$0,27	$0,29	$0,30	$0,32	$0,33
Colombia	$0,24	$0,26	$0,28	$0,30	$0,32
Perú	$0,12	$0,14	$0,15	$0,16	$0,17
Otros	$1,30	$1,44	$1,55	$1,65	$1,75
Latinoamérica	**$9,17**	**$10,26**	**$11,21**	**$12,07**	**$12,87**
Crecimiento en gasto de publicidad (variable %)					
México	17,0%	12,0%	9,0%	8,0%	7,0%
Colombia	16,0%	9,0%	7,2%	6,5%	6,3%
Brasil	15,0%	13,0%	10,0%	8,0%	6,8%
Perú	12,0%	10,0%	12,0%	7,0%	6,5%
Chile	9,0%	7,0%	6,0%	5,0%	4,8%
Argentina	5,0%	7,0%	9,0%	7,0%	6,5%
Otros	10,2%	10,3%	7,7%	6,9%	5,9%
Latinoamérica	**14,1%**	**11,9%**	**9,3%**	**7,7%**	**6,6%**

Nota: incluye publicidad que aparece en computadores *laptop* y *desktop*, así como en teléfonos móviles, tabletas y otros dispositivos con acceso a Internet. Incluye todos los diferentes formatos de publicidad presentes en esas plataformas y excluye SMS, MMS y mensajes publicitarios P2P.

Fuente: eMarketer, febrero de 2019

exponencial con una serie de requisitos que para una sola persona son imposibles de resolver.

Hoy las personas que quieren entrar al mundo digital deben tener claro de que es una industria más profesional y competitiva, pues la industria del entretenimiento y la música tienen como *mainstream* digital, trayendo más jugadores activos y esto ha hecho que la competencia sea más difícil, pues ya el alcance orgánico no es suficiente para mantenerse vigente, pues las grandes compañías gracias a estrategias de promoción usando *paymedia* hoy logran alcances que antes eran inimaginables. Por esto los creadores que se deciden por apostarle a esta industria deben saber que no es un proceso milagroso y que hoy tienen que crearlo con planes estratégicos muy fuertes de buen contenido, calidad y alcance y programar a una inversión de media de unos dos años si de verdad quieren sobresalir en un mundo donde la saturación es una realidad.

Todos hemos visto cómo el consumo de televisión lineal evolucionó a plataformas que se conectaron directamente con sus consumidores como lo han hecho Netflix y ahora Amazon Prime, Disney Plus, Peacock y Apple Plus. Este fenómeno en Estados Unidos se llama *cord cutting* —cable cortado—, en el que más de la mitad de la población ya ha dejado el servicio de cable para conectarse a estos servicios de *streaming* (ott, sovd. tovd, avod) u otros híbridos que prometen llegar a seguir cambiando las reglas del juego como QUIBI —nombre que surge de la combinación entre las palabras "rápido" y "mordida" en inglés—, un servicio de suscripción de contenidos cortos —impulsado por Katzenber y Whitman (dos grandes ejecutivos de Hollywood)— que transmitirá capítulos de máximo diez minutos y se lanzará en abril de 2020. Con esto podemos ver que las opciones para el consumidor siguen aumentando, haciendo más competitivo el mundo de los contenidos, por tanto, se hace necesaria una estrategia clara y hace que nuestra apuesta de *storytelling* y contenido especializado sea el arma eficaz para dar la pelea.

Las celebridades pasaron a ser multiplataforma. En menos de cinco años fuimos testigos de presenciar cómo los talentos tradicionales como músicos y actores veían las redes sociales como un mal necesario, sin embargo, no estaban muy sumergidos en este mundo, pero con el paso del tiempo se han dado cuenta de la necesidad de usarlas para conectar con las nuevas audiencias y mantenerse vigentes. Uno de los primeros artistas que les vio el valor a las redes fue el cantante J Balvin y hoy en día es uno de los artistas más importantes del mundo, es el primer artista latino en llegar a los escenarios de Coachella, Lollapalooza y al Super Bowl. Creo que su gran talento y una gran estrategia en su carrera de marketing digital le abrieron el camino para llegar a un público más amplio y lograr sus objetivos. Hoy en día podemos ver también a Will Smith, uno de los actores más importantes de Hollywood con dos nominaciones al Oscar y más de cincuenta años, darse cuenta de que nunca es tarde para reinventarse y que cuando hay un verdadero talento en digital se vuelve oro, y en menos de dos años ha logrado construir una comunidad de más de cincuenta millones. Este mismo camino lo han seguido JLo, The Rock y muchos artistas que entendieron la necesidad de hacer una propuesta muy sólida de contenidos. Así que cada vez somos testigos de cómo hoy en día el desarrollo artístico y todo el mundo del entretenimiento están convirtiendo los medios digitales en la pantalla principal. Y quienes tienen que reinventarse con todos estos cambios son los creadores que ahora buscan la manera de tener los presupuestos para tener contenidos que representen la calidad que está marcando tendencia en la industria. También es necesario entender hacia dónde va el desarrollo de este mercado que sigue evolucionando a pasos agigantados para poder establecer una estrategia que permita permanecer en el tiempo.

 Tendencias del mercado digital

El usuario digital actual conecta con video a través de su teléfono móvil

Una de las tendencias que se ha desarrollado en el ámbito digital es que el móvil se ha convertido en una pantalla principal para el consumo de contenidos y que el video es el formato preferido por la audiencia, por lo tanto, ha obligado a las agencias y a los anunciantes a que quieran hacer su inversión publicitaria en dicho formato. Se prevé que para 2020 el consumo por usuario regular sea de 84 minutos al día[15] y que para 2022 el 90% de la población tendrá dos dispositivos móviles según un artículo publicado en la revista *Expansión*.[16]

Al ser el video el formato preferido de la audiencia se ha demostrado que aumentan el alcance, el *engagement* y la retención de usuarios, es por esto que hoy las plataformas de redes sociales también buscan fomentar el video como principal producto de su plataforma. Si vemos Instagram, inició como una plataforma de fotos, pero hoy en día con *stories*, *lives* y IGTV intentan volcarse al video. Además, todas las redes le están dando más visibilidad a los usuarios que suben video como parte de la estrategia de sus contenidos para llevar a los creadores a hacerlo.

---

15 "El consumo de video online sigue creciendo. La prevision es de 100 minutos diarios en 2021". (Artículo en línea) disponible en: https://www.reasonwhy.es/actualidad/informe-on-line-video-forecast-2019-zenith

16 "Hasta 2020 habrá un millón de nuevos usuarios de Internet móvil al día". (Artículo en línea) disponible en: https://www.expansion.com/economia-digital/2017/06/14/593fe1a-d468aeb103f8c00d6.html

Como audiencia somos seres primariamente visuales. Estamos programados biológicamente para percibir el mundo de un modo visual, procesamos las imágenes hasta 60.000 veces más rápido que los textos, recordamos hasta el 80% de aquello que vemos, mientras que solo recordamos el 20% de lo que leemos y el 10% de lo que oímos. Para el 2022 los videos *online* representarán el 82% del tráfico en Internet según un estudio de Cisco.[17]

Los formatos más exitosos son aquellos que acercan a la audiencia como los vlogs, los retos, las preguntas y respuestas, las rutinas, o que enseñan algo y, últimamente, para las marcas los videos *snack ads* de diez segundos de duración que están teniendo mucha fuerza ya que permiten sobrepasar el límite de atención spam de las nuevas generaciones, que llega a los seis segundos al estar visualizando aproximadamente cinco plataformas al mismo tiempo.

Esto ha obligado a los creadores a generar aún más contenido. Mientras en el pasado solo debían preocuparse por un video semanal en YouTube, hoy tienen la necesidad de tener unos tres o cuatro de muy alta calidad para satisfacer las necesidades de sus redes, multiplicando su trabajo de manera exponencial. Y por eso la necesidad de tener equipos se hace mayor, pero el gran reto está en salir de la encrucijada que implica hacer más videos, de mejor calidad y tener presente que esto no necesariamente representa invertir más dinero. Por lo tanto, conseguir el presupuesto que cubra los gastos de las nuevas necesidades será clave para encontrar una solución desde el momento en el que creas tu plan de contenido digital.

---

17 "Cisco prevé más tráfico IP en los próximos cinco años que en toda la historia de Internet". (Artículo en línea) disponible en: https://news-blogs.cisco.com/emear/es/2018/11/27/cisco-preve-mas-trafico-ip-en-los-proximos-cinco-anos-que-en-toda-la-historia-de-internet/

Innovación tecnología y rápida adaptación

La tecnología evoluciona todo el tiempo, lo que exige que todos los frentes de la industria digital tengan que reinventarse constantemente. Todos los días vemos nuevas plataformas sociales o *apps* que desarrollan nuevas maneras de contar historias, mientras que las que ya existen agregan más herramientas de creación de contenidos; las herramientas de análisis son más completas y la manera de consumo es omnicanal y, adicionalmente, toda la parte técnica de grabación de contenido se hace más sofisticada y accesible, obligando a todos los involucrados a mantenerse informados para que puedan aplicar estos avances en sus procesos de creación, distribución, medición e inversión de contenidos. Hoy en día, las audiencias tienen acceso a toda esa información y son ellos los primeros en exigir que todo lo que consumen esté al día en estos avances. Por eso es clave que siempre estés adaptando estos cambios para poder reinventarte e innovar para mantenerte vigente.

Definitivamente la llegada del 5G será un facilitador para que el servicio de Internet sea tan rápido como un milisegundo, tenga mayor alcance y brinde el soporte que necesitará esta industria que crece de manera exponencial. Pero la inteligencia artificial y la realidad aumentada serán las encargadas de liderar el desarrollo de los próximos cuatro años de esta industria que se encamina a la economía experiencial.

La inteligencia artificial

Es una de las grandes evoluciones del Big Data. Su impacto se desarrollará dramáticamente los próximos cinco a quince años ya que el mercado está enfocado en el consumidor y este prácticamente nos permite conectar nuestros cerebros con Internet. Esto para las compañías representa una de las herramientas más valiosas porque cada vez que un usuario consume o compra algo se suministra cierta información que permite establecer perfiles de consumidor, los cuales se usan en futuros proyectos de mercadeo para lograr una mejor optimización de la información y ser cada vez más cercanos a sus gustos y afinidades. También ha servido para transformar el proceso creativo porque cuando tienes definida tu audiencia gracias a esta herramienta puedes saber qué tipo de contenido le gusta consumir, cómo, cuándo y dónde y, de esa manera, crear el contenido alineado a esos gustos y pautarlo para que le llegue a ese usuario en el momento indicado. Esta herramienta es clave en estos momentos de la industria en que el *prime time* ya no es un horario estelar sino uno personal. Esto obliga a los creadores de contenido a que hagan un trabajo más estratégico; lo que inicialmente hacían de manera intuitiva hoy la industria los obliga a tomar en cuenta los *analytics* de sus redes o a generar encuestas en vivo a sus seguidores y en el mejor de los casos utilizar herramientas más sofisticadas. O al menos tomarse en serio los análisis de audiencia que les dan las plataformas si quieren mantenerse vigentes, ya que el éxito en las plataformas digitales depende del impacto en el consumidor porque va ligado a la retención del usuario.

Netflix crea sus estrategias de contenidos a partir de los estudios que le hace a sus más de cien millones de usuarios; hace sus estrenos basándose en las últimas películas más vistas. Esto muestra que el marketing digital es cada vez más inteligente y sigue el mapa de ruta que deja un consumidor, de esta forma, continúa enviándole mensajes con productos acordes a sus gustos o con lo que en algún momento le interesó y ofrecerlos más adelante cuando están a un mejor precio. O, mejor aún, puede comprar los productos de su serie favorita en tiempo real mientras sigue disfrutando de esa serie. Por tanto, los datos cada vez cobran más relevancia en un mercado donde la personalización es oro.

 Realidad aumentada, mixta o virtual

Tendrá un auge en los próximos cinco años debido al mejoramiento de la experiencia de usuario. Su importancia se debe a que permite atrapar la atención del usuario como ninguna otra experiencia y será parte esencial del mercado experiencial porque nos lleva a poder ser más inmersivos. Ya existen marcas que empiezan a usarla porque les permite crear una mejor comunicación con sus consumidores como IKEA, Lacoste, Tesco, BIC Kids, MTV, New York Times, Patron, Converse, Cadbury y Kate Spade.[18]

El desarrollo de este tipo de herramientas ocasionará que la exigencia de los usuarios requiera tecnología más costosa para la creación de contenido, por tanto, será necesario empezar a crear alianzas con aliados que posean esta tecnología para no quedarse atrás, o buscar cómo crear una relación tan estrecha con sus comunidades que les permita crear contenido encaminado a generar el mismo impacto que te ayudan a tener estas herramientas tecnológicas. Para poder lograr el tema de alianzas de un creador es necesario tener una marca personal súper posicionada para poder generar el interés en el tercero que te va a compartir su conocimiento y equipos en esta tecnología.

18 "Innovación: 10 marcas que utilizan la realidad aumentada". (Artículo en línea) disponible en: https://www.america-retail.com/tendencias-e-innovacion/innovacion-10-marcas-que-utilizan-la-realidad-aumentada/

Experiencias *multi-channel* (multicanal) y omnicanal para el consumidor

Hoy en día, las audiencias consumen multicanal en diferentes plataformas, ya sea televisión o plataformas digitales, y es *multi-device* es decir consume a través de diversos dispositivos como su teléfono móvil, iPad o tabletas, computadores, smart TV o email. El secreto para triunfar hoy en día es hacerle vivir a ese consumidor en las diferentes canales y dispositivos una experiencia omnicanal, es decir esto obliga a que la estrategia esté muy conectada.

Por esto es muy importante entender que hoy en día el consumidor es multitarea, le gusta ver su show favorito mientras comparte sus opiniones o experiencias a través de las redes sociales, o complementa su experiencia consumiendo más contenido disponible como el "detrás de cámaras" premium que permite completar su experiencia del show que está viendo en televisión. Los creadores de contenido que vieron la importancia de no solo pertenecer a una plataforma y entender esta dinámica les ha permitido sobrepasar todas las crisis que viven los creadores que vieron las plataformas como un fin y no como un medio en sus inicios.

Por eso es muy importante como creador de contenido que diversifiques y trabajes con una estrategia en las cuatro plataformas más importantes como YouTube, Twitter, Facebook e Instagram, pero además buscar en qué otros medios o con qué otro tipo de actividad vas a reforzar tu posicionamiento y tus canales de conexión con tu comunidad.

Por eso cualquier creación que hace un creador de contenido hoy se hace con una visión multiplataforma, ya que la audiencia lo exige. Ya pasamos de la época del Twitter *party* usando un *hashtag* o publicar solo un video, a darle experiencias más completas que cumplan las expectativas del consumidor. Además, los creadores son creativos que tienen miles de ideas por hacer y solo necesitan inversión para llevarlas a cabo y es aquí donde las marcas pueden jugar un papel estratégico, porque al invertir están generando experiencias que las comunidades del creador van a valorar mucho más, ya que van a encontrar que la marca sí está con ellos para generarle una experiencia genuina a la comunidad del creador y no solo con el objetivo de aprovecharse.

Otro gran ejemplo es Netflix, que crea un montón de contenidos a través de sus lanzamientos haciendo vivir una experiencia en diferentes plataformas a sus usuarios promocionado los contenidos de su plataforma. Otro ejemplo fue la participación de Sebastián Villalobos en una de las franquicias más importantes de Sony Pictures para habla hispana —la película *Men in Black*—. Sony entendió la importancia de llevar la experiencia de la audiencia a otro nivel no solo a través de posteos. Estas son las experiencias que la audiencia de hoy está exigiendo y es por eso muy importante que los creadores de contenido empiecen a liderar las conversaciones de marca que generen este tipo de alianzas, donde el verdadero beneficiario es la comunidad del creador, para pasar al siguiente paso que es el de crear una fidelización de las comunidades.

La mezcla de la experiencia *online* y *offline*

La experiencia del usuario prima en digital, es por esto que, además de la experiencia *online*, hay que sumarle la *offline* y esta es una de las tendencias más fuertes de los próximos cuatro años. Por ejemplo, cuando logras llevar a los creadores de contenidos a hacer vivir a sus usuarios un momento inolvidable en un evento en vivo generas cifras de audiencias sin precedentes, ya que a la audiencia sí les genera un valor agregado tener la experiencia de vivirlo en la vida real. Sin embargo, esto es apenas un abrebocas de lo que se avecina, mientras se continúan mejorando las herramientas de realidad virtual, 360 y realidad aumentada para lograr que brinden la experiencia adecuada al usuario, su importancia es latente, por lo que los desarrolladores siguen trabajando en ella con el objetivo de realizar experiencias mixtas. Pokémon GO es una muestra de lo que se avecina, al igual que Fortnite, mientras que recientemente el fútbol europeo utilizó la realidad virtual para que los fanáticos se sumergieran en los juegos en vivo y tuvieran en primicia este tipo de experiencias. Este segmento del mercado del entretenimiento digital crecerá para 2022 a un ritmo de un 25,5% anual, más rápido que cualquier otro.

También el contenido interactivo tendrá mucho que aportar en este sentido y adquirirá mucha importancia en el 2020, un año en que el consumidor tendrá más participación. Un gran ejemplo de esto es el comercial de P&G en el Super Bowl del 2020 con Sofía Vergara y la tecnología de Eko, una plataforma interactiva de *storytelling*, que se posiciona como una de las más innovadoras del mercado y ya ha tenido grandes acuerdos con importantes compañías de la industria como Sony Pictures Entertainment y MGM Studios.

En el mundo del *e-commerce*, esta mezcla *online offline* se conoce como *phygital*, la cual usa la inmediatez, la inmersión, la velocidad y la interacción del mundo digital para crear una experiencia en tienda y aseguran que será una de las herramientas más importantes para que los *retailers* o tiendas minoristas sobrevivan creando experiencias a los usuarios. Esta es una herramienta clave para los creadores, porque ellos ahora deben desarrollar cuál será la experiencia *offline* que quieren hacerle vivir a sus seguidores; esta es clave hoy en día donde necesitan fidelizar a sus comunidades, por tanto deben desarrollar experiencias que los lleven al mundo *online* con sus comunidades.

E-commerce

El mundo globalizado, la competitividad y la rapidez para comprar productos han impulsado el desarrollo del comercio electrónico, modificando la forma de vender y comprar productos o servicios en Internet. Todo esto apunta a que el consumidor quiera tener la posibilidad de comprar en cualquier lugar del mundo, a cualquier hora, y con un solo clic. Es por esto que ahora ver el interés de Amazon por crear una plataforma de contenidos no es descabellado si entendemos que el contenido puede ser el gran motor de generar compras en estas nuevas generaciones. ¿Será la plataforma que irrumpa el duopolio de Google y Facebook? Este será el escenario que veremos desarrollar los próximos años, donde las compras *online* serán el principal canal de compras para un usuario. Ya vemos a Instagram preparando su plataforma para el *e-commerce* y ya unos cuantos usuarios y la mayoría de marcas pueden vender sus productos desde la plataforma a solo un clic de distancia.

Pese a que el *e-commerce* lleva más de veinte años, hasta ahora es cuando empieza a sentirse su crecimiento positivo y acelerado, y todo apunta a que se convertirá en el medio principal de compra de todos los usuarios. Aunque a esta tendencia le ha tomado más tiempo posicionarse en Latinoamérica —por temas de confiabilidad, seguridad y logística—, vemos que esto no ha sido un impedimento para un crecimiento acelerado.

Se estima que dentro de entre cinco y siete años el comercio electrónico se establecerá como uno de los principales puntos de venta para los consumidores. Hay que sumar a esto que los mercados latinoamericanos están viviendo una aceleración de desarrollo casi al mismo nivel de China, lo cual nos llevará a entender que estamos próximos a la puerta de oro de este mercado, a una aceleración muy importante si la oferta se adapta rápidamente y aprovecha sus capacidades omnicanales centradas en los clientes y en el aprovechamiento de las tiendas físicas como una ventaja comparativa y competitiva.

Las categorías de negocio que lideran este gran desarrollo de compra *online* en Latinoamérica son moda, comida domicilio y artículos electrónicos; en la categoría de servicios los que más generan compra son los de suscripción a entretenimiento como las series, las películas, la música y la banca por Internet.

Para los creadores de contenidos la venta será una de las mediciones más importante como resultado de éxito de una campaña una vez este instaurado el mercado *online*, por eso cada vez se hace más importante que el valor que tiene su credibilidad con la audiencia no se pierda y que a la hora de hacer relaciones con compañías sean 100% auténticas o que se enfoquen en desarrollar sus propias líneas de producto para poder seguir contando con un ingreso a largo plazo de la mano al desarrollo que vamos.

⊕ Nuevos canales para conectar usuarios

La transformación digital abrió una oportunidad de abrir nuevos canales para conectar con la audiencia, uno de ellos es el audio *online* y los *e-sports*.

a. Los podcasts

Han venido en aumento: se estima que para el 2021 esta industria facture mil millones de dólares.[19] La plataforma líder del podcast, Spotify, al adquirir Gimlet, media en su interés de diversificar su plataforma de escuchar música a convertirse en una de las principales plataformas de podcast, en la que se crea contenido, se distribuye, se puede monetizar, ofreciéndole todo el servicio al usuario. YouTube le apuesta también al video-podcast, la clave aquí es encontrar una temática que te permita conectar con los intereses de una comunidad. Los podcasts más escuchados en Estados Unidos son historias de crimen policial, entrevistas sobre temáticas de nicho y noticias,[20] pero se espera que con el aumento de consumo aumenten las temáticas que generan interés. El éxito de estos formatos es que el consumidor elabora su propia programación y decide el momento y el lugar de consumo. Su monetización es muy fácil porque se puede hacer a través de todas las plataformas que cuentan con esta opción como YouTube, Spotify, etcétera, y monetizarlas inmediatamente sin tener que invertir en una producción tan cara. Muchos aseguran que Spotify será la plataforma protagonista, ya que este año invertirá en la compra de formatos para que sean exclusivos de su plataforma y en estudios podcast para darle un espacio a las personas que quieren hacerlo y busquen la manera de diversificar la manera de vender anuncios. De esta manera, este formato se convierte en uno de los que tendrá más desarrollo en los próximos años.

---

19   "The podcast industry expected to create $1 billion in annual revenue by 2021". (Artículo en línea) disponible en: https://www.theverge.com/2019/6/3/18650526/podcast-iab-advertising-industry-revenue

20   "Spotify Wants to Shape the Future of the Podcast Industry". (Artículo en línea) disponible en: https://medium.com/swlh/spotify-wants-to-shape-the-future-of-the-podcast-industry-49ee720f5483

b. *Voice marketing* o mercadeo por voz

Adoptar una estrategia de búsqueda por voz no solo tiene que ver con ser relevante, sino también con crear una experiencia de cliente única y optimizada que fomente las relaciones y la lealtad a la marca. Debido a que Alexa y Google Assistant pueden distinguir voces, proporcionan información valiosa sobre sus usuarios. Esto permite ofrecerles mensajes y contenidos más personalizados, lo cual es excelente para mejorar la experiencia del cliente. Además, la tecnología de voz puede hacer que las interacciones con las marcas sean más naturales y sin problemas, lo que fomenta la retención y la lealtad.

El uso de comandos de voz va en aumento gracias a los *smart speakers* (altavoces inteligentes) que permiten hacer tareas cotidianas con solo pedírselo a un dispositivo; esto incluye la compra de productos o servicios como Echo de Amazon y Google Home. El crecimiento en el uso de estos comandos ha sido tan alto que, según un estudio de ComScore, en 2020 el 50% de las consultas desde móviles se realiza de esta manera.

La masificación de la conexión 5G (cien veces más veloz que la 4G) potenciará el uso de reconocimiento de voz, del Internet de las cosas y de la inteligencia artificial en forma mucho más intuitiva y sencilla, por lo que acaparará el mercado de tal manera que reemplazará los teléfonos inteligentes y se convertirá en equipos para acceder a todos los servicios y productos que se ofrezcan a través de Internet, de la misma manera en que hoy los teléfonos inteligentes reemplazaron a pantallas PC/notebook.

c. Servicios de *streaming*

Son las plataformas como Spotify y iTunes, que con sus versiones gratuitas ponen anuncios publicitarios. Otros como SoundCloud y Pandora ofrecen mercados publicitarios programáticos privados y su uso va en aumento, además de mantener una gran audiencia activa. Esto ha llevado a que muchos creadores utilicen estas plataformas como promoción y que ahora estén desarrollando sus podcasts y playlists para aprovechar la vitrina a los 217 millones de usuarios que tiene Spotify.

d. *E-sports* (juegos electrónicos)

Gracias a que lo digital convirtió el *gaming* en una industria *mainstream* que se abastece por sí sola, las competencias de juegos electrónicos se han convertido en uno de los eventos que más disfrutan los usuarios, y apenas en este 2020 se estima que alcanzará los primeros mil millones, pero que su desarrollo será tan acelerado que alcanzará, en menos de cinco años, llegar a los 230.000 millones. El reto de todos es saber cómo generar contenidos que entrelacen el interés de la industria del *gaming*, el entretenimiento y la música y la creación de nuevos modelos de negocios que permitan sacarle provecho de todos los frentes.

Un creador de contenido cada vez tiene más plataformas y herramientas para crear nuevos formatos. Lo difícil es que no tiene las mismas capacidades que los medios que tiene hoy la industria con personal creando contenido 24/7. Esto ha hecho un poco difícil que ellos hayan podido probar estos formatos, pero muy seguramente el podcast será uno de los que puedan adoptar con mayor facilidad.

e. *Livestreaming*

Como hemos visto, el contenido *live* pasó de ser una plataforma para niños, a convertirse en una de las herramientas más importantes de las redes sociales para generar *engagement*, pues luego de que Twitch liderara el *live* para la industria del *gaming*, hoy en día YouTube *Live*, Instagram *Live* y Facebook *Live* lo usan para sus creadores de contenido y les permiten obtener con esta herramienta mayor *engagement*. Por lo tanto, su uso se va a consolidar en los próximos años.

g. Influencers virtuales

Las plataformas digitales han permitido que los creadores de contenido no sean solo personas reales; también lo han sido mascotas como perros y gatos, como Jiffpom, uno de los perritos instagramers más queridos, con casi diez millones de seguidores, y Nala cat, con más de cuatro millones, que ganó un record Guiness como la gata más seguida en Instagram. Esto llevó a que se encontrara la oportunidad de crear influencers virtuales y en el 2016 la agencia Brud creó la primer influencer virtual, @lilmiquela, quien hoy alcanza casi dos millones de seguidores. Es una modelo brasilera americana de diecinueve años que escribe sus posts con un lenguaje muy adolescente, tiene un porcentaje de *engagement* de 2,9% y ha trabajado con grandes marcas como Samsung, Prada y Calvin Klein y al lado de supermodelos como Bella Hadid. Además, tiene 260.000 escuchas mensuales en Spotify y ha dado entrevistas en importantes escenarios como Coachella. Así, como Miquela, existe Xinhua News, un presentador de noticias chino, y KFC Colonel Sanders, entre otros. Para las marcas tiene muchas ventajas crear sus personajes porque pueden hacerlo a imagen y semejanza y no sufren por comportamientos negativos del influencer. Pero la pregunta es si podrán sobrevivir el reto más importante del margen ahora, que es conectar con sus comunidades de una manera más emotiva. Todavía hay muchas dudas del futuro de esta herramienta, sin embargo, sigue en aumento el porcentaje de estos influencers y en las marcas de moda son muy utilizados, es el caso de Balmain. En este enlace pueden encontrar el listado de los más populares.[21]

Legislación

La falta de regulación hizo que los nativos digitales tuvieran una libertad creativa que cualquier persona de la industria tradicional hubiese soñado tener. Eso ayudó a que estos jóvenes pudieran romper con los parámetros que tenían los demás medios, pues no había un ente regulador. En 2016, estos entes empezaron a entrar poco a poco a esta industria, y 2018 fue el año en el que todas estas regulaciones empezaron a afectar de manera más dura la monetización de videos. En 2019 los creadores enfrentaron un problema de reclamos y desmonetización de sus videos sin precedentes. Pese a que ese fue un año muy fuerte en cuanto a regulaciones, se prevé que todavía faltan más crisis por enfrentar por lo menos hasta el 2025, y todavía con una visión difusa de si esto ocasionará un cambio radical en las plataformas digitales o en la manera en que los creadores de contenido tendrán que idear sus videos.

Copyright de la música

Gracias a la conexión emocional que genera, la música era para los creadores una de sus principales herramientas creativas. Sin

---

21 "The top Instagram virtual influencers in 2019". (Artículo en línea) disponible en: https://hypeauditor.com/blog/the-top-instagram-virtual-influencers-in-2019/#top

embargo, en 2016 empezaron las primeras sanciones de derechos de autor en su contra, penalizándolos por el uso de música sin derechos; conforme el tiempo ha pasado, esas sanciones han ido en aumento y en 2018 llevaron a que más del 90% de creadores de redes sociales tuvieran una desmonetización de hasta un 60% de sus videos por haber usado por más de diez segundos una canción de la cual no tenían derechos. ¿Es justo que ahora que entraron estos entes reguladores se penalice algo de un pasado sin reglas claras? Se trata de una pelea que solo los gigantes pueden ganar y a los creadores no les queda otra opción que aceptar las normas y ver de qué manera pueden usar su creatividad en sus futuros videos para reemplazar la herramienta de la música.

Es también un llamado a las disqueras y a los publishers para que encuentren en los creadores de contenido una oportunidad de promoción de su música, como lo hacen los shows en vivo. Definitivamente es un gana y gana para todos los involucrados, porque es un hecho que los creadores de contenido son una gran máquina de promoción y por eso sería importante encontrar alianzas que permitan darle la vuelta a la prohibición de su uso.

FTC (Comisión Federal de Comercio de Estados Unidos)

Protege a los consumidores y promueve la competencia. Tomo a esta agencia como referencia ya que fue la primera en legislar el tema de los videos patrocinados por marcas, sus directrices se han tomado como ejemplo debido a que varias de las marcas más fuertes en el mercado latinoamericano tienen sus oficinas principales en dicho país. El caso más sonado en 2016 fue el de Warner Bros., por contratar a unos famosos youtubers para promocionar uno de sus juegos en el 2014, Middle Earth: Shadow of Mordor",[22] porque no aclararon que les habían pagado para ese fin. Este fue uno de los primeros señalamientos de la FTC en los que exigió que no se podía engañar al consumidor y que deberían aclarar si el video era patrocinado o no.

En el mundo de la moda fue con Lord & Taylor, y solo hasta 2017 empezó a mandarle cartas de alertas directamente a los creadores que no estaban haciendo la aclaración. Empezaron con youtubers —enviaron más de 21 cartas— y luego con instagramers —enviaron más de 90 cartas— poniéndolos en alerta para que aclararan los *post* existentes y los futuros, señalaban que las publicaciones debían estar marcados claramente con #AD, #Partner, #Ambassador, y la carta incluía la gráfica de la siguiente página.

Una de las acciones legales más prominentes contra personas influyentes en medios digitales se produjo en 2019 cuando la Comisión de Bolsa y Valores anunció un acuerdo con Floyd Mayweather Jr. y DJ Khaled por "no revelar los pagos que recibieron por promover inversiones en Ofertas de Monedas Iniciales (ICOs)". Los dos pagaron una multa de 700.000 dólares.

El caso más reciente ha sido la multa de la FTC a YouTube por 170 millones de dólares por no cumplir con la ley de privacidad de datos menores establecida en la ley COPPA y se prevé que en este comienzo del 2020 resulte otra gran oleada de desmonetización. En países de Latinoamérica cuando se trabaja con una marca que tiene oficinas en el exterior piden el uso de los #AD o #Sponsor dados por la FTC de Estados Unidos, pero no se usa

---

22 "Warner Bros. Settles FTC Charges It Failed to Adequately Disclose It Paid Online Influencers to Post Gameplay Videos". (Artículo en línea) disponible en: https://www.ftc.gov/news-events/press-releases/2016/07/warner-bros-settles-ftc-charges-it-failed-adequately-disclose-it

Lo que los influenciadores de *social media* deben y no deben hacer

Recomendaciones FTC	Prácticas que se deben evitar
No asumas que tus seguidores saben todo acerca de tus relaciones comerciales.	**Menciona** cuando tengas una relación financiera o familiar con una marca.
No asumas que las menciones que **se construyen** por las plataformas de redes sociales son suficientes.	Asegúrate de que tu mención patrocinada es **difícil de omitir**.
No utilices **menciones ambiguas** como #Gracias, #colab, #patrocinio o #embajador.	Asígnale el **mismo tratamiento** a los tags, sean o no patrocinados, y así aparezcan en imágenes.
No te apoyes en las menciones que los usuarios verán solo si hacen **clic en "ver más"**.	En las plataformas en las que prevalece la imagen, como Snapchat, **resalta aún más la mención** por encima de la imagen.

Fuente: Federal Trade Commission

en marcas locales, y de dichos países solo Colombia anunció estar en el proceso a través de la Superintendencia de Industria y Comercio, que dice estar trabajando en un documento de buenas prácticas para creadores. Por lo tanto, las regulaciones seguirán imponiéndose y es mejor que como creador vayas un paso adelante, porque el castigo siempre traerá multas económicas o desmonetización de videos que cuando ocurre de manera masiva te afecta notoriamente en los ingresos que recibes.

Retención de audiencia o _watch time_

Estamos en las puertas donde el valor de tener una comunidad fiel a tu contenido vale oro y hoy es la medida que permite que las plataformas te den la relevancia para convertirse en un usuario top. Uno de los retos más grandes de los creadores es atender el cambio constante de algoritmos: pasamos de tener algoritmos basados en alcance, a algoritmos que se centran en el _watch time_, tráfico y _brand safe_, es decir, contenidos seguros que permitan cumplir con las políticas de seguridad que se han empezado a interponer en las plataformas.

Al ser YouTube la única plataforma que se puede monetizar, y que esa monetización depende del algoritmo impuesto en el 2019, la plataforma estuvo en el ojo del huracán porque muchos de sus usuarios top empezaron a _burn out_, o quemarse, por la misma plataforma. Aquellos que no habían logrado posicionarse en otras plataformas desaparecieron, otros entraron en crisis porque el sumarle la cantidad de videos que estaba pidiendo la plataforma con todos sus compromisos creó una lucha interna que estaba afectando su salud mental. Adicional a esto, la desmonetización también afectó de manera considerable a todos sus creadores.

En los últimos años plataformas como YouTube y Facebook enfrentaron grandes escándalos que pusieron al filo su credibilidad con los anunciantes; Facebook con el escándalo político en las elecciones estadunidenses de 2016 —en las que fue elegido Trump— que la señalaron como una plataforma de noticias falsas, mientras que los anunciantes de YouTube encontraron en 2017 que el 90% de su compra de media estaba en videos con temas que no eran *brand friendly* o coherentes con sus marcas, por lo que decidieron retirar su pauta hasta que el gigante demostrara que tenía mecanismos de protección para los anunciantes. También, en 2018, uno de los creadores estrella de YouTube, Logan Paul —que hacía parte del programa Google Preferred—, grabó y subió a la plataforma un video de un hombre ahorcado en el famoso bosque japonés Aokigahara (conocido como "el bosque de los suicidas"). Este video ocasionó que la plataforma fuera mucho más dura a la hora de revisar videos que no fueran *brand friendly* e hizo que esta y otras plataformas tuvieran que tomar medidas y utilizaran sus algoritmos para quitar visibilidad a contenidos que, para el usuario, pudieran resultar inapropiados.

Estas acciones llevaron a otro problema aún mayor: la desmonetización de ciertos videos. Al hacer todo esto, los sistemas automatizados que definían estos videos empezaron a tener muchos errores y a desmonetizar videos que no tenían que ver con estos temas, por lo que Google ha tenido que ampliar sus equipos de selección manual para tener un resultado más justo a la hora de desmonetizar un video. Este proceso ha sido un poco desafiante, frustrante y desmotivador para los creadores, ya que cada vez son mayores las medidas que deben tomar a la hora de realizar sus videos. Precisamente este fue uno de los temas más latentes en VidCon 2019, la feria digital más importante en el ámbito mundial, y se visualiza parte importante de la discusión en el 2020; allí, muchas de las charlas se centraron en el cambio de impacto en los videos de creadores consolidados, quienes hoy agradecen haber visto a YouTube como un medio y no como su fin, porque si no hoy habrían sido aniquilados por el cambio en el algoritmo, a pesar de que hacen un trabajo mucho más minucioso que el que hacían años atrás, cuando tenían una comunidad mucho más activa.

Con este panorama podemos entender que los creadores no han tenido un camino fácil, como muchos lo definen, y que su trabajo tiene gran mérito porque han podido sobrepasar los retos de una industria que cambia aceleradamente y crece interponiendo nuevas legislaciones y funcionamientos, haciendo que mantenerse sea un privilegio de unos pocos. Por eso a todos los que intentan incursionar en esta industria es necesario hacerles un alto en el camino y volverlos conscientes de la responsabilidad que se debe tener para llevarlo a cabo, el gran trabajo que se debe realizar, los parámetros de la industria hoy y el respeto por los creadores que siguen trabajando duro y buscan llevar la industria al siguiente nivel con buenas prácticas.

En sus inicios, la industria digital fue una industria muy colaborativa, y a medida que ha ido creciendo se ha convertido en una industria más competitiva, por eso quiero volver a llamar ese espíritu de colaboración, que es un tema que hoy más que nunca necesitan los creadores para seguir creciendo, ya que estamos en una industria que no los protege y en estos casos es necesario unirse para lograr cambios que los beneficien a ellos.

Con esto quiero aprovechar para hacerles un llamado de atención a las grandes compañías que hoy llegan a la industria, que vean con valor y respeto el trabajo de los creadores que han venido forjando la industria digital y, también, a los entes reguladores que intentan profesionalizar este negocio para que lo sigan haciendo porque es necesario. Y que en medio de esto no se olviden de la parte más débil de la cadena, que es el creador de contenido, porque en realidad ha sido el movilizador de las comunidades digitales y es quien ha padecido los cambios de esta industria que, como cualquiera que está en crecimiento, ha sufrido bastantes lesiones, y quienes durante los últimos diez años han tenido que soportado solos, porque no existe una organización o asociación que haya asumido la tarea de protegerlos en las políticas fuertes de desmonetización ni en los cambios constantes de algoritmos. Esto ha ocasionado que muchos talentos no superen el corto ciclo de vida que traen las plataformas digitales, que con la misma facilidad con que les ayudan a subir a la cima en tiempo récord, les cortan las alas para dejarlos en el olvido. Invito a todos los creadores que están hoy en día en las diferentes plataformas a que se unan y colaboren en equipo para mejorar su industria. Que sepan que les conviene establecer sus negocios con una visión a largo plazo para profesionalizar su medio. Y a quienes apenas empiezan, que lo hagan con la responsabilidad que requiere, pues el mundo digital es para las personas que buscan ser disruptivas, darles voz y empoderar a las minorías, inspirar y enseñar, por eso continuamente buscan construir y movilizar comunidades para cumplir impactos positivos en el mundo mientras entretienen. Nunca antes había existido un medio colectivo tan poderoso e inmediato de evolución y revolución para moldear el futuro del mundo.

AGRADECIMIENTOS

Quiero agradecer primero a mi familia porque su amor, apoyo, ejemplo e inspiración me han dado las bases necesarias para lograr todo lo que me propongo. A Liliana Escobar, mi mamá, mis tías, mi hermana, mis primas, mi sobrina y mi abuela, porque son unas guerreras que me demuestran todos los días que cuando las mujeres nos unimos, hacemos lo imposible posible. A Helfrid Cáceres, mi padre, mi hermano, mis sobrinos, mis tíos y mi abuelo, porque su paciencia, humildad, disciplina y determinación me dieron las armas para salir a conquistar el mundo. A mi esposo, por apoyarme en todas mis locuras.

A mi segunda familia, la familia LatinWE, porque su visión y pasión nos ha llevado a hacer proyectos increíbles, y por enseñarme que los visionarios somos los que creamos el futuro. Manuela Gómez, Raúl García, Luis Balaguer, Mari Urdaneta, Melissa Escobar y Liliana Moyano, si no hubiesen sido los primeros en empujarme a escribir este libro, hoy no sería una realidad. Gracias por ser parte fundamental de esta historia, *team work, makes the dream work*. A las demás personas que han hecho parte del *team* (Camila Suárez, Mariana Segura, María Cecilia Pérez y Nancy Overfield).

A todas las personas que hicieron parte de Nuevon, ya que fue nuestra gran universidad, Elizabeth Gray, Jorge Giraldo, Joyce Dangon, Itzel Ramos, Marita Marangunich, Eliscruz Salas, Camila Rodríguez, Magda Jabra, Claudia Arévalo, Javier Escobar, Ophelia Pastrana, Pan Merak y Leo Arango. Definitivamente hicieron parte del inicio de esta historia y fue una época maravillosa.

A las personas que en mi experiencia laboral como productora de televisión me abrieron las puertas y me dieron alas para volar, Becky Villasescusa, Luz María Doria y Linnet Martínez en Estados Unidos, y en Colombia, Andrés Zuleta y su esposo, Juan Esteban Sampedro, Gonzalo Guerra, Santiago Ruiz, Cristina Palacio, Juan Maldonado y Diego Tamayo quien siempre me insistió para que escribiera este libro.

A todos los creadores de contenido, porque mi vida tiene un antes y un después de conocerlos; sobra decir que soy fiel admiradora de cada uno y agradezco la confianza que han depositado en mí para hacer equipo. A Sebas Villalobos, Paula Galindo, Juan Jaramillo, Mario Ruiz, Juana Martínez, Calle, Poché, Xime Ponch, Andrew Ponch, Valentina Garzón, Daniel Patiño "Paisa", Caro Jaramillo, Sebastián Arango, Matthew Windey, Katy Esquivel, Priscila, Héctor Trejo "Bully", Mario Selman, Claudia Bahamón y Luisa Fernanda W, Mónica Fonseca y Miranda Ibáñez, sus historias me ayudaron a encontrar mi propósito y me inspiraron a compartirlo con el mundo.

A Topacio Martinez, porque fue la primera persona que me regalaron las redes sociales, es incondicional y su apoyo ha sido muy importante. A la familia del internet, Linaticos, PDC, Cachers,

Pautipers, Whathechikers, Jaramishanos, Junaticos, Caromania-ticos, Pulguitas, Humanoides, Damiselas, Batinovias, Ponchers, Paisanos, Familia W, Pulgosos, Bullystericos y Zuricatas.

A las personas que me ayudaron a hacer este libro una reali-dad con su criterio, a mi editora, Laura Gómez, por hacerme la propuesta y acompañarme en este viaje, a Aldo Civico, por escu-charme y guiarme con lecturas recomendadas, a Andrea Loeber, porque fue quien me presentó el mágico mundo de la escritura.

A Regina Carrot, Bianki, María Laura Quintero y Cata Maya, por sumarse al equipo de talento y ponernos a soñar juntos.

A Andrés Oyuela, porque me compartió su talento para que las fotos de este libro fueran las mejores y porque, gracias a él, un medio de comunicación incluyó por primera vez un especial de-dicado a los youtubers al nombrarlos como unas de las personas más influyentes de Colombia.

A los clientes que han tomado el riesgo y nos han permitido lo-grar todos estos casos de éxito.

A ti, lector que compraste este libro por apoyarme; espero que te unas conmigo a tomar acción por el crecimiento de esta industria.

A María Gabriela Corral por cambiarme la vida.

A Dios, por poner tantas personas maravillosas en mi camino.

Cómo triunfar en el mundo digital de Lina Cáceres
se terminó de imprimir en septiembre de 2020
en los talleres de
Impresora Tauro, S.A. de C.V.
Av. Año de Juárez 343, col. Granjas San Antonio,
Ciudad de México